中小学教师专业发展标准及指导

艺 术

中小学教师专业发展标准及指导课题组 编 著

北京师范大学出版集团
BEIJING NORMAL UNIVERSITY PUBLISHING GROUP
北京师范大学出版社

图书在版编目(CIP)数据

中小学教师专业发展标准及指导．艺术/中小学教师专业发展标准及指导课题组编著．—北京：北京师范大学出版社，2013.10（2017.9重印）

ISBN 978-7-303-16863-7

Ⅰ．①中…　Ⅱ．①中…　Ⅲ．①艺术—教学研究—中小学　Ⅳ．①G633

中国版本图书馆 CIP 数据核字(2013)第 173935 号

营销中心电话　010-58802181　58805532
北师大出版社高等教育分社网　http://gaojiao.bnup.com
电子信箱　gaojiao@bnupg.com

出版发行：北京师范大学出版社　www. bnup. com
北京新街口外大街 19 号
邮政编码：100875
印　　刷：三河市兴达印务有限公司
经　　销：全国新华书店
开　　本：730 mm×980 mm　1/16
印　　张：10
字　　数：150 千字
版　　次：2013 年 10 月第 1 版
印　　次：2017 年 9 月第 5 次印刷
定　　价：18.00 元

策划编辑：路　娜　　　责任编辑：路　娜
美术编辑：纪　潇　　　装帧设计：纪　潇
责任校对：李　菡　　　责任印制：陈　涛

中小学教师专业发展标准及指导
丛书编委会

序

由北京教育学院组织，各方专业人士参与，研制《中小学教师专业发展标准及指导》，经过专家论证和反复修改即将出版，这是一件十分有价值的事情。

我参加了项目成果的评审论证会，与会的各位专家均对项目成果给予了积极的肯定，同时也补充了许多建设性意见，提供了许多思考的角度，有助于进一步深入研究并修改完善。我总的认为，该项成果意义重大，定位妥帖，特点突出。

首先，意义重大。该课题研究具有战略性的意义。为什么这么说呢？教育上要干的事很多，但是抓教师队伍建设始终是关键，2010年国际教师节，联合国四大机构的负责人共同提出："复兴始于教师。"因此，对教师发展进行深入的理性的研究，促进教师科学发展，具有战略意义。北京教育学院能用十余年的时间坚守教师专业发展及其标准这样一个课题研究，表现出一种教育的自觉。在茅草屋底下的西南联大，出来那么多大师级人物，靠的是什么？导师！所以梅贻琦的外号叫"囤积教授的校长"。坚守教师专业发展的课题研究，确实具有深远的战略意义。

其次，定位妥帖。也就是定位科学、适度与适当。第一，定位在"教师专业发展"的标准，界定为在职教师的专业生涯领域，强调了职后的专业发展，强调了专业发展的阶段性与可持续性，这样就与教师资格标准有所区别、也与教师教育标准有所不同了。资格标准和教师教育标准主要涉及职前与入职，是做教师的基本要求；而教师专业发展标准恰好是前两者的延续、深化与补充。三个"标准"有机结合、相互衔接、功能互补，有助于形成我国教师专业化的标准体系。第二，定位在"业务指导性"上。有很多有关教师的素养、标准、目标，多是指令性的、规范性的，至于如何去操作，如何去实现，往往研究不够。但课题组的很多教师认真深入到学科教学当中去，真正在研究教育实践，研究教学实践中的问题和经验，所以能够对学科的特点、学科教学的特点以及学科教师的特点有较好的把握，在实践和理论相结合进行研究的基础上提出具体的指导建议，就很有针对性。所以，这个标准有利于教师自我发展，满足教师培训的需要。

最后，特点突出。主要包括以下几个特点：(1)引领性。现在我们的教师培训需要一个依据，教师自身的专业发展也需要一个依据。所以搞好一个标准，确实具有引领性。(2)发展性。从整体体例上看，纲、目都很清楚，但留有发展空间，不是死标准。给出空间，才能不断完善。(3)聚合性。这是一项综合性研究，牵涉到很多国家的研究成果，牵涉到很多理论问题和实践问题，又要兼顾很多现实情况。把这些东西综合在一起研究，体现了整体优化。(4)实用性。我们常说，中央已经连续不断地发文件强调培养创新人才。“连续不断发文”这也是当代中国教育的一个特点。我们现在拿出一个依据，至少在教师专业发展上可以在较长的时期起作用。(5)规范性。使教师专业发展方面更有章可循，减少随意性。

当然，也有些问题可以进一步研究，使标准更趋完善。

第一个问题，课题立足于“教师专业发展”，但是还没有摆脱教师资格标准的影子。因为教师资格分为初级、中级、高级。按照通常的教师专业发展，可以研究一下几类教师之间的相关性、同步发展的可能性有多大。例如，对于教师职业的热爱，入职阶段是否就只热爱一点，后来进入成熟阶段就更加热爱，到了专家阶段就人格完满、师德高尚了？十年左右教龄的教师常常会有职业倦怠，是不是发展的所有内容都是层次递进的？所以，我想发展与职级不一定直接相关。根据舒尔曼讲的7类教师专业发展知识，教师要掌握学科知识、一般教学法知识、学科教学知识、课程知识、学习者及其特点的知识、教育史、教育哲学，这样大分类后，每一个类里面可能又有层次。比如，德国制定的11类教师标准，也是按大类来分的，但每一类里面也有由浅入深的层次。欧盟制定的教师专业标准也是如此。将来可以继续研究：究竟哪个作为纲，哪个作为目。例如，以健全的人格和职业道德作为一个纲，我们可以分成不同层次，对教师就以不同层次进行评价。一位具体的教师，无论是哪一个级别，都要以层次进行评价。高级教师也不一定每一方面都是 A。也不一定老教师专业水平就最高，创新能力就最强，也许年轻人创新能力更强。所以要引导教师在自身基础上发展，使每个人向更高目标前进，而不是熬够年头才能达到高一级的标准。所以，作为专业发展的纲、目可以调整，而不是套用教师资格标准的纲目。这样可能有助于推动教师专业的发展。

第二个问题，是过程与结果的关系。注重过程很不错，但是应该更多地强调效果。按照 ISO 9000 的观念，有标准过程就有好的结果，但是教育专业发展实际不一定是这样的。怎样使过程与效果结合起来，不是教师想使学生得到发展，而是学生是否真的发展了。哥伦比亚大学前校长说，美国师范教育的失败是培养出来一批会教的教师，但是没有培养出来能把学生教会的教师。在信息化发展的时代，用标准化的过程不可能适应不同学生的发展需要，最终评价教师是学生的发展。我们一定要重视过程，但也要重视结果。

希望这项研究成果在实践中产生积极效应，并通过实践不断完善。

国家教育咨询委员
国家总督学顾问
联合国教科文组织协会世界联合会副主席

目　录

第一部分 前 言

教育大计，教师为本。高素质专业化的教师队伍是学生健康成长、学校持续改进、教育质量不断提升的关键因素和重要保障。提高教师质量的途径之一，是通过研制教师专业发展标准，来引导教师专业发展的方向、内容和评价。这是提高教师质量的国际经验和趋势。

北京教育学院承担的“北京市教师教育创新平台”，自2009年开始，成立了教师专业发展标准研究课题组，围绕职后中小学教师专业发展的标准及其具体内容和操作要点，开展了深入、系统的研究。经过相关文献分析、教师问卷调查、优秀教师访谈、问题集中研讨、初稿撰写起草、专家反复论证、不断修改完善的过程，形成了中小学教师专业发展标准的框架和具体内容，形成了分领域(学科)、分阶段、重操作的《中小学教师专业发展标准及指导》(以下简称《标准及指导》)。

一、研制目的

《标准及指导》研制的目的是服务于教师的发展。就服务的主体而言，它对中小学教师、学校领导、教师培训机构、教育行政部门都有具体的引领作用；就服务的内容而言，它可以用于诊断(反思)与规划、培养与培训、评估与管理等方面。本成果将主要用于中小学教师的自我发展指导和中小学教师培训指导，并在实践应用中加以检验和完善。

首先，为教师反思自身教学实践提供依据。教学反思是教师发展的内在机制。自身教学实践有什么优点和不足，教学水平达到什么程度，需要借助教师专业发展标准提供反思的框架，所以，教师发展标准有助于教师系统地反思。

其次，为教师制定专业发展目标和规划、自主学习与发展提供依据。制定教师发展规划，明确专业发展目标，是教师自主发展的有效方式。不同发展阶段的教师，其发展目标及其要求也是不同的。教师专业发展标准可以为教师制定规划提供参考。《标准与指导》还提供具体内容和操作的指导，这有助于教师参考指导要点，实现自主学习与发展，不断改进教育教学活动。

再次，为教师培训机构诊断教师需求、设计培训目标与课程提供依据。教师培训机构要有效促进教师发展，提高培训的针对性和实效性，必须准确把握教师需求，设计有针对性的培训目标与课程。不同层次培训的课程设计必须依据不同发展阶段教师的发展目标，而教师专业发展标准对此进行了设计。

最后，为管理部门评估教师发展水平提供依据。教师发展的过程性评估和终结性评估对教师本人和管理部门了解信息、激发动力、考核奖惩等都有帮助，而评估标准和指标体系的设计就要依据教师专业发展的标准。

总之，《标准及指导》具有很强的实践意义。当然，标准是针对一定时期一定区域的情况制定的，具有相对性，不是绝对不变的；标准反映的是教师发展的共性规律和要求，具有统一性，而教师个体之间也是有差异的。因此，标准是重要的参考依据，而不是绝对的。在实践和使用过程中，要重标准，不唯标准。

二、主要依据

教师专业发展标准，涉及素质结构如何划分、发展阶段及其任务如何确定、具体要求如何阐述等几个基本问题。这些问题的解决都需要有政策法规、理论研究、客观事实等方面的依据。课题组对这些方面进行了大量的学习、研究，为科学地解决这些问题奠定了比较坚实的基础。

1. 政策法规依据

改革开放以来，我国颁布了若干项关于教师的法律法规和政策，如《中华人民共和国教育法》《中华人民共和国教师法》《中华人民共和国义务教育法》《教师资格条例》《中小学教师职业道德规范》《国家中长期教育改革和发展规划纲要(2010—2020年)》等，其中最集中、最概括地表现于《中华人民共和国教师法》，该法对教师的定位、资格、权利、义务等作了明确的规定，而《中小学教师职业道德规范》(2008 年修订)对教师的职业道德提出“爱国守法、爱岗敬业、关爱学生、教书育人、为人师表、终身学习”六项要求，这为研制教师专业标准提供了最重要的法规政策依据。

2010 年颁布的《国家中长期教育改革和发展规划纲要(2010—2020 年)》从我国“到 2020 年，基本实现教育现代化，基本形成学习型社会，进入人力资源强国行列”的战略目标出发，提出建设一支“师德高尚、业务精湛、结构合理、充满活力的高素质专业化教师队伍”的具体目标，并提出健全教师管理制度，制定教师资格标准等具体要求，《北京市中长期教育改革和发展规划纲要(2010—2020 年)》中还提出了“研究制定教师专业发展标准，明确阶段性目标”的任务，这为制定教师专业发展标准也提供了新的政策依据。

2. 理论依据

制定教师专业标准是许多国家和地区促进教师发展的重要举措。本课题组对美国、英国、德国、法国、俄罗斯、新西兰、新加坡、越南、马来西亚及我国香港地区等建立的教师专业标准进行收集、学习和分析，了解其指导思想、结构和内容，从中寻找有益的借鉴。本课题组成员还多次参与华东师范大学组织的教育部“985”课题“中小幼教师专业标准研究”及比较研究，参与学术会议，了解前沿动态。从目前世界上许多国家和地区的教师专业标准来看，其风格各异。例如，英国“合格教师专业标准”是从“专业价值和承诺”“专业知识与理解”“教育教学实践”三方面进行表述。美国“爱达华州教师专业标准”把教师所应具备的素养分为十个方面，每个方面又从“专业意识、专业知识、专业能力”三个角度来表述。澳大利亚新南威尔士州、南澳州的“教师专业标准”也是按教师应具备的素养分为若干方面，每个方面又从“专业承诺、专业知识、专业实践”三个角度来表述。美国加州的教师专业标准则以教学活动为核心，由六类相关联的教学活动组成标准，每条标准下有若干要点，每个要点中又以“如何”和“为什么”两问，列出一个问题清单供教师思考。国际培训、绩效、教学标准委员会(IBSTPI)制订的“教师能力标准”分专业基础、教学计划与准备、教学方法与策略、评估与评价、教学管理 5 个能力维度，之下有 18 项能力及相应的绩效指标。

总体来讲，各国基本都依据“教师素质理论(包括教师知识理论)”“教师专业发展理论”“教师发展性评价理论”“课程与教学理论”等制定教师专业标准。关于教师素质的理论，国外主要有两大理论流派：一是以美国卡耐基教学促进会主席舒尔曼(Lee S. Shulman，1986)为代表的“学科取向”的教师知识研究，把教师应具备的知识概括为学科内容知识、一般教学法知识、课程的知识、学科教学法知识、学生知识、教育环境的知识、教育宗旨与目的的知识。例如，美国国家专业教学标准的五条标准，主要是参照了“学科取向”的教师知识研究。二是以艾尔巴茨(Freema Elbaz，1981)及康纳利和克兰迪宁(F. Michael Connelly & D. Jean Clandinin，1985)为代表的“实践取向”的教师知识研究，强调教师实践中表现出来的具有个人性、默会性、情境性、实践性、综合性等特点的实践性知识。例如，英国“卓越教师专业标准”则更多地参照了“实践取向”的教师知识研究。国内学者林崇德、申继亮和辛涛教授对教师素质的构成进行研究，提出教师素质在结构上至少应包括五种成分，即职业理想、知识水平、教育观念、教学监控能力以及教学行为与策略。关于教师的知识又提出本体性知识、条件性知识、实践性知识的结构。陈向明等教授对教师的实践性知识进行了深入的研究。

关于教师发展阶段的理论，国内外观点较多。有福勒(France F. Fuller)的四个关注阶段理论、伯林纳(David C. Berliner)的教学专长五阶段理论、利思伍德(Kenneth A. Leithwood)的思维方式五阶段理论、休伯曼(A. Michael Huberman)的七阶段理论、费斯勒(Ralph Fessler)的八阶段生涯理论、邵宝祥的五阶段理论、钟祖荣与李晶的四阶段素质水平理论、叶澜等人的五阶段自我更新理论等。这些理论从不同的角度，对教师不同发展阶段的特征进行了描述和概括。这些为研制分阶段的教师专业标准提供了一定的理论基础。

课程与教学理论是教师专业标准研制的重要理论基础。特别是我国新课程改革的理念，均体现在专业实践的各标准中，诸如强调教学的三维目标，强调学生的自主、探究、合作学习方式，强调信息技术的运用以及与学科教学的有机整合，强调教学与学生的知识基础、生活经验、社会实际相联系，强调形成性、发展性评价，强调利用和开发课程资源等。研制过程中，课题组认真学习和研究了各学科的义务教育阶段课程标准(2011年版)、高中课程标准，把握各学科的性质、功能，以课程标准的内容为依据提出教师专业发展的要求，又通过教师专业标准的要求，促进课程改革的落实和深入。此外，教学理论也为标准中教学活动部分的制定提供了理论上、结构上的依据。

3. 实践和事实依据

研制教师专业标准需要从实践视角，对教师群体的实际情况和特征进行分析研究，使标准的制定符合实际情况。一方面，我们对北京市中小学教师群体的特征进行调研，包括他们的工作、生活和专业素养状况的调查与分析；另一方面，对北京市中小学优秀教师的特征及发展阶段进行访谈、问卷等调查研究，发现他们的素质特征和成长规律。

培训实践基础。本课题组部分成员自20世纪80年代投入教师继续教育实践，20多年来专访各类教师、校长，研究大量教师成长个案，进行课堂教学观察，开展学生、家长、专家访谈，积累了大量教师专业发展的鲜活案例，较好地把握了中小学教师专业发展的状况和特点。

群体状况调研。北京教育学院组织课题组，开展了三次大规模的教师发展调研。2005年对北京市10个远郊区(县)做“教师专业发展水平调查与研究”，发放问卷10 000份，分析典型学校114所，按照“影响教师专业发展的内外部因素访谈提纲”访谈教师100名，出版专著《京郊中小学教师专业发展机制与对策研究》(2006)。2006年又进行“北京市中学各科教师专业发展水平调查与研究”，发放问卷10 000份，分析典型个案120例，分析典型学校150所，课堂观察560节课，获得大量反映北京市中小学教师专业发展现状的第一手材料，归纳提炼出当前北京市中小学教师专业发展中的主要问题。2009年受教育部师范司委托，我院课题组还对江苏、广东、吉林、北京、河北、湖北、云南、青海等12省市的教师队伍和教师培训进行问卷调查。

优秀教师特征访谈。北京教育学院在1998年对全国部分特级教师进行个案研究和问卷调研，对骨干教师的特征、成长规律进行分析研究，出版专著《骨干教师队伍建设研究》(2000)。2009年，课题组在研究中对北京市18位中小学不同学科的优秀教师进行深度访谈，提炼出优秀教师的基本素质。主要表现为以下五种特质：(1)动机。有对取得教育成果持续渴望、付诸行动的强烈动机。(2)特质。思维敏锐，能对情境或信息做出持续反应并作出决断。(3)自我概念。具有积极的态度、价值观及良好的自我印象。(4)学习能力。具有专业知识的敏感性和吸收与转化能力。(5)技巧。具有分析性思考和概念性思考的能力。

发展阶段调研。2009年，课题组还对12位不同学科不同地域不同阶段的教师就发展阶段进行访谈，又对 194 名北京市骨干教师进行发展阶段的问卷调查，获得大量数据和信息，并在调研基础上提出教师发展六阶段理论，具体提出六阶段的起止名称、时期名称、各阶段特征及发展任务，为我们划分发展阶段、描述发展标准中各阶段的发展任务提供重要的事实依据。

三、指导思想

1. 宗旨上，体现以学生发展为本的思想

教师专业发展的目的不是仅仅为了自己，而主要是为了学生，为了给国家社会培养有用人才。尊重学生、关心学生、爱护学生、促进学生健康成长，应该成为教师专业发展中最重要的素质。教学中，教师要从学生的学情出发，深入了解学生的知识基础、生活经验、困难障碍等；同时又要调动学生学习的积极性，发挥学生主体性，以促进全体学生的发展。《标准及指导》的专业实践部分主体名称为“促进学生的学习与发展”，是一个具体的表现。具体标准中也始终贯彻这一思想。

2. 内容上，体现时代性的要求

教师专业发展标准，是对教师素质与行为要求的规定。不同地区和时代的教师素质要求，既有共性，又有区别。共性就是要保持教师基本素质要求的稳定性，各个时代强调的共同素质要坚持、保持。区别就是要体现我国当代社会发展对教育、对教师的特殊要求。在《标准及指导》中，我们努力体现《国家中长期教育改革和发展规划纲要（2010—2020 年）》中“育人为本、促进公平、提高质量”的要求，强调教师要落实素质教育的要求，强调培养全面发展、个性发展、可持续发展的人才培养要求，强调着力培养学生社会责任感、创新精神和实践能力的要求，也强调维护学生的身体和心理健康，加强安全教育的要求。

3. 结构上，坚持动静结合的思想

教师专业发展标准按照什么样的结构设计，是个重要的问题。如前所述，有两种思路，一种是按照教师素质的要素进行划分，一般分专业情意、专业知识、专业技能三方面，这种思路比较系统完整，内部逻辑性强，但静态性明显，与教师的教育教学实践结合得不紧，容易与教师的教育实践脱节。另外一种是按照教师教育实践的逻辑进行设计，一般包括教学设计、教学实施、教学评价、教学反思等环节，这种思路综合性、实践性强，与教师的实践紧密结合，容易与教师的工作对接，但对教师的素质的规定线索不容易看出来，对教师的自我发展和教师培训的设计也有不利的地方。因此，《标准及指导》把专业基础与专业实践结合起来，取二者之长。当然，这种结合的方法也难免会出现一些交叉重复的现象，我们努力避免，注意从不同的角度进行阐述。

4. 层次上， 体现分阶段的原则

终身学习是教师专业发展中最突出的特点。教师专业发展标准应该分阶段描述，体现不同阶段的不同要求，然后通过递进式培训、自主学习与实践等，帮助教师从低一级的发展阶段提升到高一级的发展阶段，这样标准就更具有指导性。

我们的研究提出六阶段，这就是从新手教师到合格教师的适应期、从合格教师到熟练教师的熟练期、从熟练教师到成熟教师的成熟期、从成熟教师到骨干教师的发展期、从骨干教师到专家教师的创造前期、从专家教师到教育家的创造后期，每个阶段有不同的发展特点与发展任务①。从大多数教师的实际考虑，也考虑教师发展阶段的连续性及发展阶段评价的复杂程度和难度，在标准制定时分阶段不宜过细，所以，我们把一二期整合成一个阶段、把四五期整合成一个阶段，保留第三阶段，去掉第六阶段，这样就构成三个过程。即“新手到熟练”“熟练到成熟”“成熟到卓越”。

(1)从新手到熟练。“新手”指新任教师，他们有一定的理论知识，但缺乏教学实际技能；“熟练”指熟练教师，他们有熟练的教学技能，对学生比较了解，较好地把握学科知识结构，但缺乏对学科思想方法的深度把握，以及对学生差异的把握。该阶段的发展任务主要是：学会分析教材内容，并逐渐把握学科知识体系；从初步了解学生，逐渐系统深入了解学生特点；初步掌握科学的教育方法和有效的教学技能，并逐渐熟练化。

(2)从熟练到成熟。“熟练”指熟练教师，“成熟”指成熟教师，他们对学科思想方法，学生差异有一定的把握，教学技艺成熟，但还没有形成自己

① 钟祖荣：《〈易经〉乾卦的过程思想与教师发展阶段理论》，载《北京教育学院学报》，2011(3)。

的教学特色和风格。该阶段的发展任务主要是：研究学科的本质和思想方法，深入了解并应对学生的差异，教学方法多样化、艺术化。

(3)从成熟到卓越。“成熟”指成熟教师，“卓越”指省市级骨干教师、学科带头人乃至特级教师，他们已形成自己的教学经验、思想和风格。该阶段的发展任务主要是：开展教育教学研究、改革、实验，总结反思教学经验、思想和风格并努力使之系统化。

“从新手到熟练”和“从熟练到成熟”两个阶段侧重给出教师素质的修炼过程中的要求，给出内容要点、操作要点和案例；“从成熟到卓越”阶段重点体现优秀教师多年修炼的效果，集中表现于对学生发展、学校组织发展和学科发展所产生的实际影响和作出的贡献。

5. 学科上，坚持分领域的原则

课题组首先研究教师专业发展的总标准，即一般标准；然后以此为框架，结合学科、领域的特殊性进行研究，体现学科和领域的特点。《标准及指导》按照语文、数学、英语、理科、社会科、体育、艺术、信息技术、技术与综合实践学科九个领域编制，解析不同领域教师专业发展的特点、重点和困惑点。分领域分学科的特点，集中体现在教师对各领域的专业知识、课程知识、教学设计等方面，体现出各自的特色。

6. 运用上，体现操作性的原则

教师专业发展标准是用于实践的，特别教师在制定专业发展规划、进行实践反思的过程中，要参考标准的要求。但标准的文字一般比较简明概括，其内涵如何理解，包含什么具体内容，如何操作，都需要比较具体的解释和说明。因此，我们没有停留在描述标准上，而是就标准的条文进行内容说明和操作要点的说明，以利于使用。

四、内容结构

1. 标准的四层结构

标准包括维度、关键表现领域、标准(条目)、结果指标四层。维度包括专业基础和专业实践两维度，专业基础是教师应该具备的师德素养、知识素养，强调的是素养、基础和静态的素质；专业实践是指教师的教育教学活动以及自我发展的实践(包括教学研究与专业发展)，强调的是实践活动、实践能力和动态的素质。关键表现领域是两维度内容的细分，共计4个表现领域，即健全人格与职业道德、学科与教育教学专业知识、促进学生的学习与发展、教育教学研究与专业发展。标准(条目)又是对关键表现领域的细分，是比较概括的素质和行为表现，是标准的主体内容，共计20条一般标准，这些标准(条目)的描述尽量直接表达含义和意义，比如"关爱学生，教书育人""设计合理的教学方案"。结果指标是标准的进一步细化，是教师在特定发展阶段专业基础和专业实践的具体要求，一条标准既细化为若干具体的要求，又体现出程度上的差异。各学科、领域在结果指标的多少上有所差异，一般有50多条。

2. 指导的三项内容

为帮助教师理解和实践标准，发挥标准的作用，《标准及指导》强调"指导"的功能。指导是针对中小学教师而言的，是对中小学教师理解标准的指导、是对落实标准要求的行为指导、是对反思教学实践、规划自身发展的指导。指导包括内容要点、操作要点、举例说明。专业基础部分主要是内容要点，侧重在具体的条目的含义、要素、内容的解析上；而专业实践部分主要是操作要点，侧重在行为的指导上，诸如操作的程序、要求、策略。举例说明是对重点与难点的实例呈现和实例示范。

3. 三阶段递进结构

《标准及指导》强调发展性、阶段性，所以，无论是在标准框架与标准内容中，还是在指导要点部分，我们都按照三个阶段阐述。

三阶段结果指标的描述是有程度差异的。总体看，是呈现递进式的发展。这涉及教师专业发展的模式或规律问题，即教师的专业发展是否总是递进式，这是需要进一步深入研究的。根据目前的调查研究，我们认为，教师在不同的阶段有不同的任务、关注点和特点，这种关注点和任务的重心转移，反映递进的特点。当然，具体到每一位教师，就可能呈现出五彩缤纷的样式，从发展速度上说，有的素质可能发展很快，而有的素质可能发展缓慢，甚至长期处于平台水平；从发展水平看，有的素质可能能够达到很高水平，而有的素质只能达到较低水平；从人际差异看，可能有的整体素质发展水平高，有的部分素质发展水平高、部分素质发展水平低，有的可能整体素质发展水平不高。处于某个阶段的教师主要看本阶段的要求。

五、相关概念

在《标准及指导》中，涉及诸多概念，在指导要点中对其有具体的解释和说明，但有关学科与教育教学知识部分，有几个概念是通用的，故在前言部分加以解释。

1. 教师的学科知识

教师的学科知识，依据不同的组织方式划分，包括两类，一类是作为一门学科(discipline)的知识，是根据知识的逻辑体系组织的；另一类是学校教学中一门课程的知识(subject)，是基于学生学习心理而组织的知识体系。

作为一门学科的知识包括两个层次：低层为必要的基础知识和学科技能；上层为学科特有的视角、核心概念和方法。

作为一门课程的知识，包括对课程功能、性质等的认识，课标教材范围知识的体系、课标教材范围的知识、知识的组织与呈现方式以及上位的核心概念等。

2. 学科知识与技能体系

学科知识与技能体系，即我们平常所说的基础知识和基本技能的内容框架(包括组成部分和连接方式)。学科知识和技能体系是最基本的内容，是每位教师必须把握的，一般在课程标准中给出。

3. 学科知识与技能的层级结构

知识结构是指一个人经过专门学习培训后所拥有的知识体系的构成情况与结合方式。合理的学科知识结构是有层级的，具有“上、下位关系”。学科的知识层级结构如图 1-1 所示。

跨学科主题，是指不同学科、不同领域中共同存在的主题，比如循环主题，在地理、生物、历史等学科中均存在。

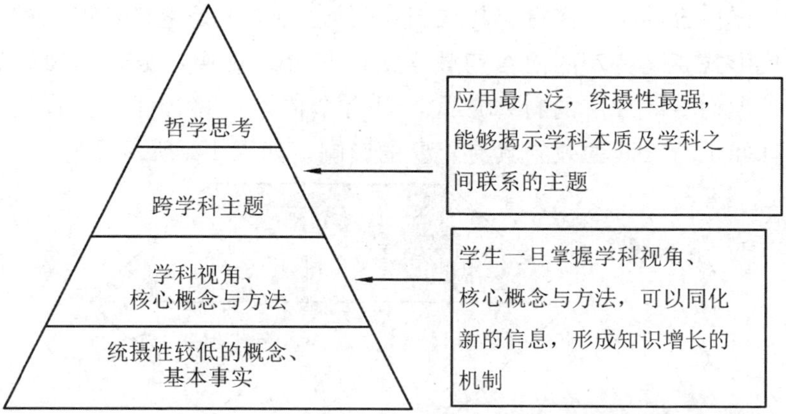

图 1-1　学科知识层级结构和作用示意图

核心概念(big idea)，实际上是学科中一些基本的、重要的观点和观念，某个学科的核心概念是在众多的事件、事实、现象的基础上归纳、推理出来的结论，是对同一类问题本质特征的概括①。通常是用一个命题、判断构成的。教学中让学生掌握这种核心概念，可以提高学生的概括水平、解释水平、应用迁移能力。有学者说："在构思科学教育的目标时，在知识方面不是用一堆事实和理论，而是用趋向于核心概念的一个进展过程。""这些核心概念及进展过程可以帮助学生理解与他们在校以及离开学校以后的生活有关的一些事件和现象。""许多知识领域都是这样的：构成一个知识领域，是因为具有核心的知识、技能和态度。"②

4. 学科教学知识

学科教学知识(pedagogical content knowledge，简称 PCK)是舒尔曼 1986 年提出来的概念。他认为这种知识就是"对于一个人的学科领域中最一般的要教授的内容，表达那些概念的最有用的形式，最有效的比喻、说明、例子、解释以及演示——一句话，就是使人易于懂得该学科内容的表达和阐述方式"，它还包括"知道不同年龄和背景的学生在学习那些最经常教授的课题时已具有的一些日常概念和先入之见，这些日常概念和先入之

① California State Board of Education，*Science Education Framework*，1998，pp. 28-32.

② [美]温·哈伦：《科学教育的原则和大概念》，第 2 页，韦钰译，北京，科学普及出版社，2011。

见会使具体内容的学习变得容易或困难”。这种知识是学科知识在教学应用中的转换形式，是特定的内容与教学法的整合或转换，是教师独特的知识领域，是他们专业理解的特殊形式，具有个体性、综合性、实践性、情景性。这种知识对教学的效果具有重要的影响。如图 1-2 所示。

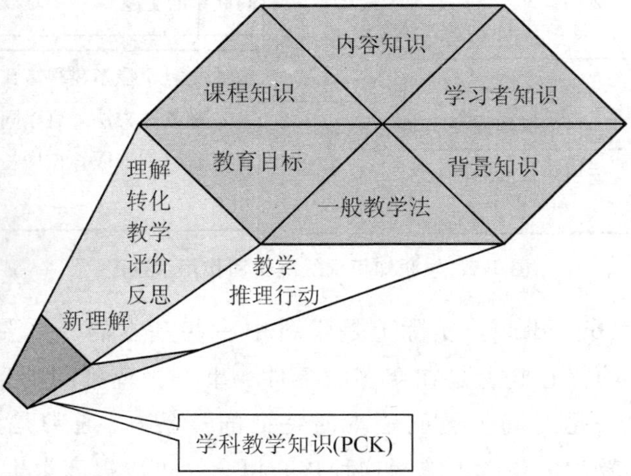

图 1-2　舒尔曼 PCK 结构图

1990 年格罗斯曼(Pamela L. Grossman)对 PCK 概念给予重要阐释，将 PCK 解析为以下四部分：①一门学科的统领性观点(关于学科性质的知识和最有学习价值的知识)；②学生对于特定学习内容易理解和误解的知识(学生理解能力的知识)；③特定学习内容在横向和纵向上组织和结构的知识(课程知识和教材知识)；④将特定学习内容呈现给不同学生的策略知识(知识的结构设计)。如图 1-3 所示。

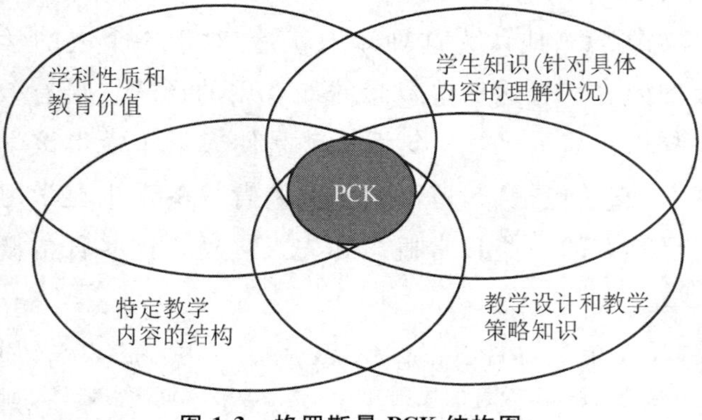

图 1-3　格罗斯曼 PCK 结构图

第二部分 艺术教师专业发展标准

一、标准纲目

<table>
<tr><th rowspan="2">维度</th><th rowspan="2">领 域</th><th rowspan="2">标 准</th><th colspan="3">结 果 指 标</th></tr>
<tr><th>从新手到熟练</th><th>从熟练到成熟</th><th>从成熟到卓越</th></tr>
<tr><td>2</td><td>4</td><td>20</td><td>53</td><td>58</td><td>51</td></tr>
<tr><td rowspan="9">专业基础</td><td rowspan="4">领域一
健全人格与职业道德</td><td>1. 爱岗敬业，履职尽责</td><td>4</td><td>4</td><td>4</td></tr>
<tr><td>2. 关爱学生，教书育人</td><td>3</td><td>3</td><td>3</td></tr>
<tr><td>3. 为人师表，严谨治学</td><td>2</td><td>2</td><td>2</td></tr>
<tr><td>4. 热爱生活，身心健康</td><td>4</td><td>4</td><td>4</td></tr>
<tr><td rowspan="5">领域二
学科与教育教学专业知识</td><td>5. 关于学科的知识</td><td>2</td><td>3</td><td>3</td></tr>
<tr><td>6. 关于学生的知识</td><td>2</td><td>2</td><td>2</td></tr>
<tr><td>7. 关于课程的知识</td><td>2</td><td>2</td><td>2</td></tr>
<tr><td>8. 关于教学的知识及学科教学知识</td><td>1</td><td>2</td><td>3</td></tr>
<tr><td>9. 科学与人文素养</td><td>3</td><td>2</td><td>3</td></tr>
<tr><td rowspan="11">专业实践</td><td rowspan="8">领域三
促进学生的学习与发展</td><td>10. 创设良好的学习环境</td><td>1</td><td>1</td><td>1</td></tr>
<tr><td>11. 设计合理的教学方案</td><td>5</td><td>6</td><td>4</td></tr>
<tr><td>12. 实施有效的教学活动</td><td>3</td><td>3</td><td>4</td></tr>
<tr><td>13. 培养良好的学习习惯与指导学生学会学习</td><td>2</td><td>2</td><td>2</td></tr>
<tr><td>14. 开展多元的学习评价</td><td>2</td><td>3</td><td>2</td></tr>
<tr><td>15. 促进有效的课堂管理</td><td>3</td><td>2</td><td>2</td></tr>
<tr><td>16. 渗透思想品德教育与生活技能教育</td><td>2</td><td>2</td><td>2</td></tr>
<tr><td>17. 实施积极的安全教育与健康教育</td><td>4</td><td>4</td><td>1</td></tr>
<tr><td rowspan="3">领域四
教育教学研究与专业发展</td><td>18. 教育教学反思与行动研究</td><td>3</td><td>4</td><td>3</td></tr>
<tr><td>19. 团结协作与经验分享</td><td>2</td><td>3</td><td>2</td></tr>
<tr><td>20. 终身学习与持续发展</td><td>3</td><td>4</td><td>2</td></tr>
</table>

二、标准框架

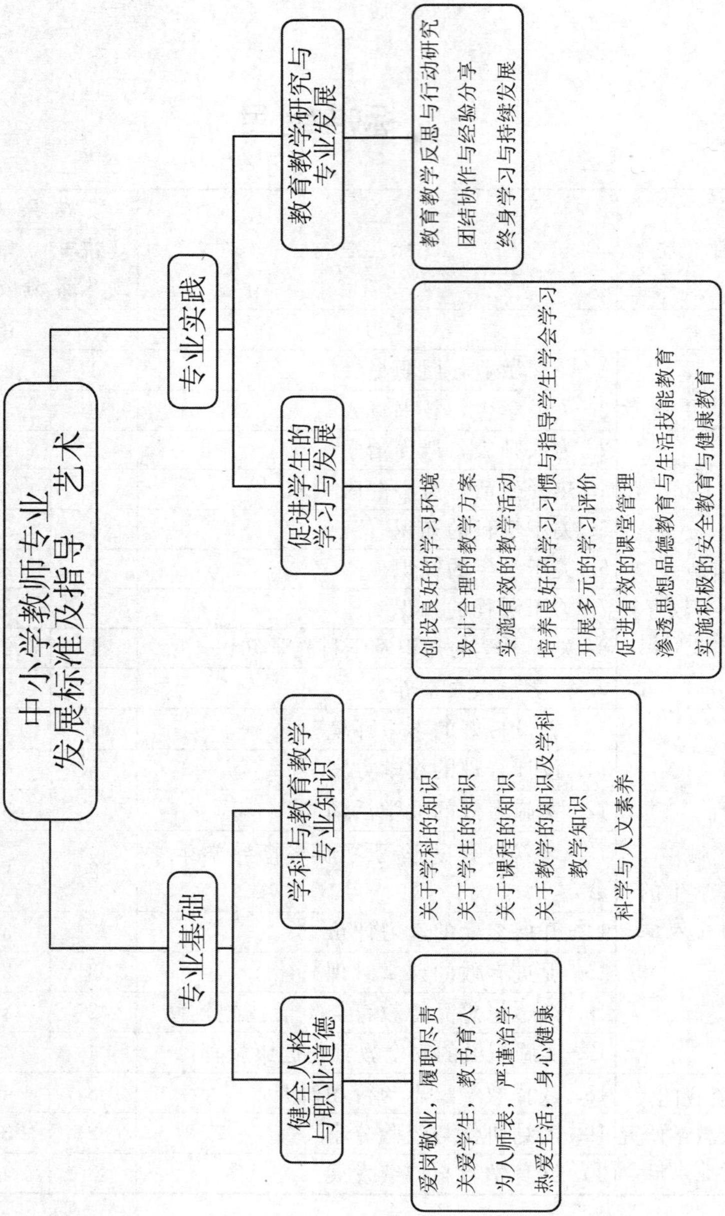
中小学教师专业发展标准及指导 艺术
专业基础
健全人格与职业道德
爱岗敬业，履职尽责
关爱学生，教书育人
为人师表，严谨治学
热爱生活，身心健康
学科与教育教学专业知识
关于学科的知识
关于学生的知识
关于课程的知识
关于教学的知识及学科教学知识
科学与人文素养
专业实践
促进学生的学习与发展
创设良好的学习环境
设计合理的教学方案
实施有效的教学活动
培养良好的学习习惯与指导学生学会学习
开展多元的学习评价
促进有效的课堂管理
渗透思想品德教育与生活技能教育
实施积极的安全教育与健康教育
教育教学研究与专业发展
教育教学反思与行动研究
团结协作与经验分享
终身学习与持续发展

三、标准内容

维度一 专业基础

领域一 健全人格与职业道德

标准	结果指标		
	从新手到熟练	从熟练到成熟	从成熟到卓越
1. 爱岗敬业，履职尽责	1.1 愿意从事教育事业。 1.2 了解并遵守教育法律法规。 1.3 明确教师职责。 1.4 有责任意识。	1.1 热爱教育事业。 1.2 自觉遵守教育法律法规。 1.3 认真履行教师职责。 1.4 具有责任感。	1.1 挚爱教育事业，全身心致力于学生的学习和发展。 1.2 自觉遵守教育法律法规，自觉贯彻执行教育方针政策。 1.3 出色履行教师职责，具有高度的责任感和奉献精神。 1.4 有强烈的事业心和教育理想与抱负。
2. 关爱学生，教书育人	2.1 关心学生。 2.2 平等公正地对待学生。 2.3 引导学生遵守学生守则，明辨是非。	2.1 热爱学生。 2.2 平等公正地对待每一位学生，尊重学生人格。 2.3 引导学生树立正确的人生观和价值观。	2.1 热爱并关注每一位学生，平等公正地对待每一位学生。 2.2. 培养学生的健全人格，引导学生树立正确的人生观和价值观，能以行为诠释价值，成为学生健康成长的导师。 2.3 着眼于学生的素质提升、潜能发挥与可持续发展。

续表

标准	结果指标		
	从新手到熟练	从熟练到成熟	从成熟到卓越
3. 为人师表，严谨治学	3.1 遵纪守法，以身作则。 3.2 努力钻研，熟悉业务。	3.1 遵纪守法，作风正派，公正廉洁，以身作则。 3.2 树立优良学风，刻苦钻研业务，不断学习新知识，改进教育教学方法，提高教育教学水平。	3.1 遵纪守法，作风正派，公正廉洁，以身作则。 3.2 具有对教育问题的宏观把握和批判性思维，问题意识与创新意识强，努力探索教育教学规律。
4. 热爱生活，身心健康	4.1 积极锻炼身体，增进身体健康。 4.2 积极乐观，具有爱心、同情心和正义感。 4.3 能够正确对待困难和挫折。 4.4 具有良好的生活情趣，至少培养一种有益身心健康的兴趣爱好。	4.1 积极锻炼身体，增进身体健康，合理分配精力，保持充沛的活力。 4.2 积极乐观、善良宽容，具有爱心、同情心和正义感。 4.3 能够正确对待困难和挫折，善于自我调节。 4.4 具有良好的生活情趣，至少培养一种有益身心健康的兴趣爱好。	4.1 关爱自己的身体，保持身体健康，合理分配精力。 4.2 具有积极向上的态度，强烈感染学生和周围的人。 4.3 从容、恰当地对待困难和挫折，善于自我调节。 4.4 具有高尚的情操和审美情趣。

领域二　学科知识与教育教学专业知识

标　准	结果指标		
	从新手到熟练	从熟练到成熟	从成熟到卓越
5. 关于学科的知识	5.1 掌握艺术学科本学段的课程标准中明确规定的学科知识；艺术学科教材所涵盖的基础知识和技能。 5.2 了解艺术学科与其他学科以及生活实践、社会发展之间的联系，并能有意识地在教学中渗透。	5.1 熟练掌握艺术学科课程标准中明确规定的学科知识及其思想方法。 5.2 能够宏观把握艺术学科体系及相关背景知识，描述学科知识的层级结构。 5.3 熟悉艺术学科与其他学科以及生活实践、社会发展之间的联系，并能将这种联系恰当地运用于教学中。	5.1 具有统领性、深刻性、融通性的艺术学科知识，能够把握艺术学科体系。 5.2 在丰富的学科实践经历中，形成动态发展的学科知识结构和解决实际问题的能力。 5.3 具有多学科知识并能很好地融通起来。
6. 关于学生的知识	6.1 了解发展心理学、教育心理学以及艺术学科中关于学生的知识，并能初步用于艺术学科教学和学生管理中。 6.2 了解学生身心发展的特点和学习规律。	6.1 掌握发展心理学、教育心理学以及艺术学科中关于学生的知识，能够将这些理论运用于学科教学和学生管理中。 6.2 掌握学生身心发展的特点和学习规律，了解学习策略、技巧以及学习习惯指导的相关知识和方法。	6.1 掌握教育心理学的基本内容，把握不同流派的学习心理学对艺术学科教学的影响，能够根据具体教学内容确定切实有效的教学策略。 6.2 掌握关于学生发展的知识，具有丰富的、符合学生认知能力发展规律的策略性知识。

续表

标　准	结果指标		
	从新手到熟练	从熟练到成熟	从成熟到卓越
7. 关于课程的知识	7.1 了解艺术课程的性质、课程目标、课程内容、课程组织、课程评价等知识。 7.2 理解课程改革中提出的理念，并知道如何实践课程改革中倡导的价值与行为。	7.1 掌握艺术课程的性质、课程目标、课程内容、课程组织、课程评价等知识。 7.2 深入理解课程改革中提出的理念，并知道如何实践课改中倡导的价值与行为。	7.1 深谙课程改革的基本理念和艺术学科课程在学生发展中的意义。 7.2 具有丰富的艺术学科课程设计、课程实施、课程资源、课程评价等方面的知识。
8. 关于教学的知识及学科教学知识	8.1 了解教学目标、教学内容、教学方法、教学设计、教学评价等方面的知识，并知道如何运用。	8.1 掌握教学目标、教学内容、教学方法、教学设计、教学评价等方面的知识，并能够熟练运用。 8.2 有意识地在教学中渗透艺术学科统领性概念及呈现艺术学科知识结构，并能基于学生的已有知识及学习状况恰当地选择教学方式。	8.1 具有较高的教育理论素养。 8.2 基于教学内容和学生情况，形成促进学生理解性学习的多元教学策略知识。 8.3 体现独特思想和风格的丰富的教学艺术(策略)知识，积累了丰富的教学案例知识，并在同行中发挥示范作用。

续表

标　准	结果指标		
	从新手到熟练	从熟练到成熟	从成熟到卓越
9. 科学与人文素养	9.1 对祖国的历史和文化有所了解，有传承中华优秀文化的意识。 9.2 崇尚科学，掌握基本的科学知识及方法。 9.3 具有获取、处理、利用信息的能力。	9.1 对祖国的历史和文化有深入的了解，有传承中华优秀文化的意识和行动，具有国际视野。 9.2 崇尚科学，掌握丰富的科学知识及方法；具有获取、处理、利用信息的能力。	9.1 深谙中华优秀文化，对其他文化具有选择性吸收和转化的能力。 9.2 具有较高的人文精神、科学和技术素养。 9.3 能从时代发展的角度分析阐述中国民族艺术与世界多元文化。

维度二　专业实践

领域三　促进学生的学习与发展

标　准	结果指标		
	从新手到熟练	从熟练到成熟	从成熟到卓越
10. 创设良好的学习环境	10.1 创设安全的学习环境和友爱互助的学习氛围。	10.1 建立良好的师生关系，创设安全的学习环境和民主的学习氛围，鼓励学生独立思考。	10.1 能够根据艺术学科特点和学生实际，创设能够满足学生学习需要、促进学生发展的物理环境和学习氛围。

续表

标准	结果指标		
	从新手到熟练	从熟练到成熟	从成熟到卓越
11. 设计合理的教学方案	11.1 能够基于艺术学科的课程标准、学习内容、初步的学情分析，确定教学目标并进行正确表述。 11.2 了解教材内容，初步学会分析教材，确定教学重点。 11.3 能够从学生已有的知识基础和生活经验出发，确定学习难点。 11.4 能够依据教学目标设计教学进程。 11.5 能根据教学目标设计评价方式。	11.1 能够基于艺术学科的课程标准、学习内容、较为深入的学情分析，确定教学目标并进行正确表述。 11.2 熟悉教材内容，深入分析教材，准确把握教学重点。 11.3 能够结合教材和学情准确确定学习难点，采取有效措施解决教学难点。 11.4 依据教学目标设计合理的教学进程。 11.5 根据教学目标设计合理的评价方式。 11.6 提供有实效性的学习资源。	11.1 整合多元教学目标，不仅关注学生获得知识、提高认知能力，还关注培养学生的责任感与非智力因素。 11.2 根据学生认知发展规律，整体安排学段教学进程和创造性地设计教学单元，能够进行教学设计背后的学理分析。 11.3 深谙不同类型知识的学习策略，具有丰富、系统且有创造性的教学策略，在教学设计中运用智慧优化教学过程。 11.4 设计中能有效运用多媒体手段，为学生提供丰富的学习资源，以促进学生理解。

续表

标准	结果指标		
	从新手到熟练	从熟练到成熟	从成熟到卓越
12. 实施有效的教学活动	12.1 能够吸引学生注意力，激发学生学习兴趣。 12.2 能够合理安排教学时间，运用教学策略，完成预定的教学任务。 12.3 能够适当地采取互动的形式组织教学。	12.1 运用多种教学手段，吸引学生注意力，有效激发学生学习兴趣。 12.2 运用恰当的教学策略，合理安排教学时间，较好地完成预定的教学任务。 12.3 运用多种互动的形式组织教学。	12.1 课堂教学富有激情，学生被教师对本学科的执着向往所打动，形成持久的学习动力。 12.2 具有果断的教学决策能力，能根据学生学习情况灵活调整教学的内容、顺序和方法，学生感到学习效率高。 12.3 高度关注学生的学习表现，敏锐捕捉教学中关键问题，灵活处理生成性问题。 12.4 关注研究学生个体差异，因材施教，学生感受到教师的关心、理解和经常给予的帮助。
13. 培养良好的学习习惯与指导学生学会学习	13.1 能够根据学生的实际情况，逐步提出学习要求。 13.2 具有指导学生形成良好的学习习惯和掌握学习策略的意识。	13.1 能够根据学生的实际情况，逐步提出学习要求，指导学生获得自主、合作、探究的学习方式。 13.2 能够有效地指导学生形成良好的学习习惯和掌握学习策略。	13.1 系统掌握多种学习的策略，有计划地进行策略性知识的教学，学生能够感受到在教师的指导下，逐渐形成有效学习策略。 13.2 注意培养学生的问题意识、创新思维能力和实践能力，学生感到学习处于追求新目标和解决更高层次问题中。

续表

标准	结果指标		
	从新手到熟练	从熟练到成熟	从成熟到卓越
14. 开展多元的学习评价	14.1 具有引导学生参与评价的意识。 14.2 关注学生的学习效果。	14.1 能够指导学生进行自评。 14.2 针对学生学习过程中的思维和行为表现进行合理的评价。 14.3 能够采用合理的方法检测学生的学习效果。	14.1 在评价主体、内容、方式和结果上都体现了多元的思想，学生感受到评价促进了自己的发展。 14.2 善于运用评价结果，给学生的学习提出合理的建议，学生乐于接受和运用教师的建议。
15. 促进有效的课堂管理	15.1 能够维持正常的课堂教学秩序，完成教学任务。 15.2 合理调控课堂的时间与节奏。 15.3 合理调控教学内容的走向。	15.1 能够根据班级实际状况，运用有效的方法组织教学，顺利完成教学任务。 15.2 根据反馈信息灵活调整教学内容和进程。	15.1 善于运用科学而灵活的方法组织课堂教学，善于调动学生的积极性，开展各种组织形式的教学，学生感到自我管理能力与合作能力逐渐提高。
16. 渗透思想品德教育与生活技能教育	16.1 学习、掌握思想品德教育与生活技能教育的知识和方法。 16.2 具有培养学生生活技能的意识。	16.1 能够深入领会思想品德教育与生活技能教育的知识和方法。 16.2 掌握渗透生活技能教育的方法。	16.1 能够基于学科特点、内容和学生的实际，主动采取恰当、多样、有效的方式渗透思想品德教育，学生感到思想及价值观积极形成。 16.2 结合学科内容和学生实际，对学生有机渗透基本生活技能教育，使学生感到生活技能的收获。

续表

标准	结果指标		
	从新手到熟练	从熟练到成熟	从成熟到卓越
17. 实施积极的安全教育与健康教育	17.1 关心学生的身体健康，鼓励学生积极锻炼身体。 17.2 具有关注学生心理健康的意识。 17.3 主动地维护学生的人身安全，引导学生树立自我保护的意识，提升自我保护的能力。 17.4 对学生的人身安全负有责任感，遇有突发事件时救助学生。	17.1 关心学生的身体健康，鼓励学生积极锻炼身体。 17.2 了解有关学生心理健康的知识和方法。 17.3 主动地维护学生的人身安全，引导学生树立自我保护的意识，提升自我保护的能力。 17.4 对学生的人身安全负有责任感，遇有突发事件时救助学生。	17.1 对学生的人身安全有高度的责任感，能积极开展以预防为主的安全教育、健康教育，为有需要的学生提供支持和帮助。

领域四 教育教学研究与专业发展

标准	结果指标		
	从新手到熟练	从熟练到成熟	从成熟到卓越
18. 教育教学反思与行动研究	18.1 经常有意识地反思自己的教学，形成教学反思习惯。 18.2 具有问题意识，能够把工作中遇到的问题进行梳理，在他人的帮助下，转化为研究专题。 18.3 学习课题确立与实施的基本方法。	18.1 变经验性教学为反思性教学，提升教学实践合理性。 18.2 能够根据专题，进行初步研究。 18.3 尝试使用观察法、调查法、文献法、案例法、叙事研究和经验总结法。 18.4 了解研究成果的表现方法。	18.1 思维敏锐，对情境产生直觉的、深刻的、整体而全面的理解，能够很快地辨认出显著的信息，关注异常的信息；具有分析性思考和概念性思考的能力。 18.2 善于提出并解决教育教学中的重要问题，开展教育教学改革实验，深入研究教育教学规律，形成独特的教育教学思想或教学风格。

续表

标　准	结果指标		
	从新手到熟练	从熟练到成熟	从成熟到卓越
			18.3 注重研究成果的形成，能够在学术刊物上发表研究论文或出版专著，使研究成果具有更广泛的辐射作用，并使成果得到同行的关注、讨论和认可。
19. 团结协作与经验分享	19.1 具有团队合作意识。 19.2 积极参加研修活动，虚心求教。	19.1 能够把个人发展目标与学校发展目标相结合。 19.2 善于发现和学习他人的优点，能够换位思考，主动提供自己的经验。 19.3 具有通过合作解决问题的意识。	19.1 把自己的经验结构化，形成可以传递的知识形态；引领团队的专业研修活动，团队成员能够受到启发并产生把研修结果运用于工作的动机。 19.2 作为专业领域的领军人物，在专业学会和广大教师中发挥引领作用。
20. 终身学习与持续发展	20.1 养成读书和独立思考的习惯。 20.2 具有探索和研究的意识，积极吸收新理念、新方法。 20.3 具有优化和提升自我专业素养的意识，按要求参加学习和进修。	20.1 保持学习和反思的习惯。 20.2 对发现的教学问题进行探索和研究。 20.3 积极参加校本研修活动及各级各类教师培训。 20.4 在日常教学实践中提升自己的专业素养。	20.1 具有高度的专业敏感性和吸收、转化能力。 20.2 不断给自己规划更高的职业目标，行走在能力的极限上，不断促进知能持续发展。

第三部分　指导要点

一、从新手到熟练

维度一　专业基础

领域一　健全人格与职业道德

标　准	结果指标
1. 爱岗敬业，履职尽责	1.1 愿意从事教育事业。 1.2 了解并遵守教育法律法规。 1.3 明确教师职责。 1.4 有责任意识。

1.1　愿意从事教育事业。

【内容要点】

愿意从事教师职业，喜欢学生，喜欢任教学科，喜欢正在做的这份工作。

1.2　了解并遵守教育法律法规。

【内容要点】

从进入教师队伍的第一天起，教师就要了解、遵守和执行教育法律法规，如：

(1)《中华人民共和国教育法》，1995 年 9 月 1 日起施行。

(2)《中华人民共和国教师法》，1994 年 1 月 1 日起施行。

(3)《中华人民共和国义务教育法》，2006 年 6 月 29 日修订，2006 年 9 月 1 日施行。

(4)《中华人民共和国未成年人保护法》，2006 年 12 月 29 日修订通过，2007 年 6 月 1 日起施行。

1.3 明确教师职责。

【内容要点】

按照《中华人民共和国教师法》的界定，教师的身份为“履行教育教学职责的专业人员”。艺术教师的职责应该归结为教书育人，具体可见下面几条：

(1)遵守宪法、法律和职业道德，为人师表。

(2)贯彻国家的教育方针，遵守规章制度，执行学校的教学计划，履行教师聘约，完成教育教学工作任务。

(3)对学生进行宪法所确定的基本原则的教育和爱国主义、民族团结的教育，法制教育以及思想品德、文化、科学技术教育，组织、带领学生开展有益的社会活动。

(4)关心、爱护全体学生，尊重学生人格，促进学生在品德、智力、体质等方面全面发展。

(5)制止有害于学生的行为或者其他侵犯学生合法权益的行为，批评和抵制有害于学生健康成长的现象。

(6)不断提高思想政治觉悟和教育教学业务水平。

1.4 有责任意识。

【内容要点】

明确教师的角色定位，明确教师对自己和他人、集体和家庭、国家和社会所应承担的义务，特别是要尽到对学生的教育义务，认真工作，在履行义务的过程中获得积极的情感体验。

标　准	结果指标
2. 关爱学生，教书育人	2.1 关心学生。 2.2 平等公正地对待学生。 2.3 引导学生遵守学生守则，明辨是非。

2.1 关心学生。

【内容要点】

(1)关心学生的思想和生活，利用课余时间接触学生，了解学生在想什么、需要什么。

(2)关心学生的学习，发现和重视学生在学习中的优点和困难，想办法让每个学生都在原来的基础上提高，并使周围的学生和家长认同学生的提高，增强学生对学习的信心。

2.2 平等公正地对待学生。

【内容要点】

平等是尊重，是伦理原则上的公正。在教育实践中，落实平等意味着如何将“一视同仁”和“因材施教”进行结合。所以，这里的平等指的是学生所得到的人格上的尊重，而因材施教则是方法意义上的平等。

2.3 引导学生遵守学生守则，明辨是非。

【内容要点】

(1)教师要在日常的教育活动和交往中，帮助学生完成从“自律”到“他律”的转化，提高学生自我教育的能力。

(2)教师要帮助学生了解并熟悉学生守则，让学生在身边熟悉的事例中体会学生守则。

(3)教师要在平时的交往中，通过主题班会或其他主题活动帮助学生建立正确的是非观念。在日常的教学中对学生正确引导，还要在师生交往中及时发现并纠正学生的错误。

标 准	结果指标
3. 为人师表，严谨治学	3.1 遵纪守法，以身作则。 3.2 努力钻研，熟悉业务。

3.1 遵纪守法，以身作则。

【内容要点】

熟知主要教育法规的基本内容与要求，能以有关具体规范为准则，进行自我监督、自我约束。在完成所承担的学校各项工作中，能有效调控自己的教育教学言行，做到不超越法规的底线要求，已开始从“他律”向“自律”的转变。

3.2 努力钻研，熟悉业务。

【内容要点】

熟知专业规范，包括课堂教学与课堂管理的规范，班主任工作的基本内容与班级管理的基本要求，以及学校工作的其他专业规范；掌握教师的基本工作技能。对于教育教学及管理工作中出现的常见问题，能借助于专业理论的指导，进行迅速诊断，并灵活有效地予以解决。

标准	结果指标
4. 热爱生活，身心健康	4.1 积极锻炼身体，增进身体健康。 4.2 积极乐观，具有爱心、同情心和正义感。 4.3 能够正确对待困难和挫折。 4.4 具有良好的生活情趣，至少培养一种有益身心健康的兴趣爱好。

4.1 积极锻炼身体，增进身体健康。

(1)认识健康对人的生活和工作的意义，理解锻炼对健康的价值。

(2)初步养成科学饮食、定期体检和定时锻炼的习惯。

(3)保持合理的体重、充足的体力和旺盛的精力。

4.2 积极乐观，具有爱心、同情心和正义感。

(1)积极乐观。基本理解个人与他人、个人与集体、个人与社会以及个人与工作和生活的关系，常怀自律之心、感恩之心、奉献之心和平常之心；对未来充满希望，对自己较有信心，对他人心怀同情与感恩，对组织与事业比较认同。具有善良之心，初步形成职业认同感。

(2)爱心。拥有仁慈之心，善待弱小者。以对学生为例，爱心体现在尊重学生的人格，相信学生的发展潜力和成长的力量，平等地对待每一位学生，能够理解与宽容学生，关心与关爱学生；使学生能够在理智与情感交融的氛围中享受爱的滋养，实现快乐成长。

(3)同情心。对弱小者有所觉察、理解，并能够产生情感共鸣；能够给予弱小者以帮助。同情和帮助弱小者，给学生示范同情心；关爱和帮助成长中的学生，让学生体验同情心；引导学生爱护与帮助弱小者，使学生固化同情心。

(4)正义感。具有追求正义、伸张正义的道德意识和道德情感；处理事情合情合理，为人正直正义；尊重和遵守制度、规则和程序；不伤害他人、不侵犯他人的基本权利；遇到不公平的事情敢于直言，主持正义；能够鄙视非正义的行为。

4.3 能够正确对待困难和挫折。

【内容要点】

作为人师，教师更要有足够的勇气面对生活和工作中的困难与挫折，关键时刻能够采取合理的措施进行处理。

(1)专业困难和挫折——因不能良好胜任本职工作所遇到的负性压力情境。应采取理智地应对困境和挫折，从失败中吸取经验教训，或求助他人等方式，积极解决问题。应当通过学习成长和发展自己，使自己成熟起来，进而高效工作。

(2)人际关系或交往困难——师生或者同事关系的困难。需要调整自己的心理状态，准确定位，掌握心理调整的方法。

4.4 具有良好的生活情趣，至少培养一种有益身心健康的兴趣爱好。

【内容要点】

现代社会生活是丰富多彩的，也是多元、多维的，良好的生活情趣有益于人的身心健康，有利于提高人的道德和文化修养。年轻教师应追求有情趣、有品位的生活，具体做到：

(1)能够认识生活情趣的含义，理解良好的生活情趣对身心调节和对工作促进的价值。

(2)至少培养一种有益身心健康的兴趣爱好，或者是打球、游泳、跑步、下棋、登山、散步等体育类活动，或者是唱歌、弹(拉)琴、绘画、吟诗、跳舞等艺术类活动，抑或是养花、喂鸟、钓鱼、摄影、旅游、会友、烹调等生活类活动。

领域二　学科知识与教育教学知识

标　准	结果指标
5. 关于学科的知识	5.1 掌握艺术学科本学段的课程标准中明确规定的学科知识；艺术学科教材所涵盖的基础知识和技能。 5.2 了解艺术学科与其他学科以及生活实践、社会发展之间的联系，并能有意识地在教学中渗透。

5.1 掌握艺术学科本学段的课程标准中明确规定的学科知识；艺术学科教材所涵盖的基础知识和技能。

音乐

【内容要点】

(1)掌握音乐基本要素：力度、速度、音色、节奏、节拍、旋律、调式、和声等。

(2)掌握音乐的形态：音乐结构、音乐形式、音乐体裁、音乐的风格与流派等音乐知识。

(3)掌握音乐基本技能：演唱、演奏、识读运用乐谱、编创等。

(4)了解中外音乐教育发展简史、有代表性的音乐家，识别不同时期、不同民族的音乐。

美术

【内容要点】

(1)掌握国家全日制义务教育美术课程标准中“造型·表现”“设计·应用”“欣赏·评述”和“综合·探索”四个学习领域的知识与技能。

(2)掌握美术的类别与材料。

绘画：中国画、素描、水粉画、油画、版画、装饰画、年画、电脑画等。

雕塑：圆雕、浮雕、泥塑等。

工艺设计：日常生活用品设计、工业产品设计、环境设计、民间工艺等。

建筑：东西方建筑、古代现代建筑、宗教建筑、民居建筑等。

(3)掌握美术的内容及形式要素。

人物、静物、景物、动物。

自然主题、社会主题、幻想主题等。

具象、抽象、意象。

点线面、黑白灰、色彩、形体、构图等。

对比统一、节奏韵律等。

5.2 了解艺术学科与其他学科以及生活实践、社会发展之间的联系，并能有意识地在音乐教学中渗透。

音乐

【内容要点】

(1)要了解音乐与相关艺术领域以及与社会生活实践、社会发展之间的联系。

(2)要了解音乐与其他学科之间的关系，以便更好地把握音乐的特征。例如音乐教师要熟知物理声学、心理学和生理学基础知识。

(3)要了解音乐与文化和历史的关系。音乐与相关文化是音乐课人文学科属性的集中体现，是直接增进学生文化素养的学习领域。它有助于扩大学生的音乐文化视野，促进学生对音乐的体验与感受，提高学生音乐鉴赏、表现、创造以及艺术审美的能力。它虽然在某些方面有自己相对独立的教学内容，而在更多的情况下，又蕴含在音乐鉴赏、表现和创造活动之中。

美术

【内容要点】

从与艺术密切相关的生活、情感、文化、科技等方面，了解、认识美术教育的意义和价值。

(1)艺术与生活。生活是艺术的源泉，学生通过艺术和日常生活的联系，可以丰富自己的艺术体验和感受，提高艺术感知能力，并学会用艺术的眼光观察生活，用艺术化的方式表现生活、美化生活，提高生活质量。

(2)艺术与情感。艺术是人类情感和精神生活的创造性表现，任何艺术表现形式都包含着特定的情感和思想。在学生的艺术学习中，可以通过对经典艺术作品的欣赏和感受，达到对人类情感的体验和感悟，并运用自己已掌握的艺术技法对自身经历的情感以及他人的情感进行艺术表现，获得创造、表现和交流能力，达到健全人格、陶冶情操的效果。

(3)艺术与文化。艺术是各种不同文化的载体，记录和再现了人类文化和思想的发生和发展过程。通过艺术与文化的联系，可以增进对多元文化和人类文明的了解，加强文化认同感和多元文化意识。

(4)艺术与科技。艺术与科技是人类文明发展的两翼。在人类的历史发展长河中，许多科学发明都从艺术的灵感和想象中受益，而历代艺术又从当时的科技发明和生产力发展中得到支持和启发。通过艺术与科技的联系与比较可以提高想象能力，达到感性和理性的平衡。

标　准	结果指标
6. 关于学生的知识	6.1 了解发展心理学、教育心理学以及艺术学科中关于学生的知识，并能初步用于艺术学科教学和学生管理中。 6.2 了解学生身心发展的特点和学习规律。

6.1　了解发展心理学、教育心理学以及艺术学科中关于学生的知识，并能初步用于艺术学科教学和学生管理中。

音乐

【内容要点】

(1)能够掌握人的发展知识，理解这种知识在音乐教学的最优化决策中的指导作用。因此，音乐教师要了解学生在不同年龄阶段音乐能力发展的相关知识和学生的音乐背景知识，善于组织运用这些知识，对教育教学工作起到建设性、支持性的作用。

(2)能够运用各种观察形式来了解学生发展的个体差异，运用收集到的信息，向学生提供各种丰富的音乐课程，以适应学生的特殊才能、特殊需要。

美术

【内容要点】

研究中小学生心理发展规律。根据中学生在美术学习方面处于“模拟写实期”的特点，保留学生在小学阶段“象征期”的优势，选择教学内容、提出教学要求。关注学生美术学习从直观向抽象发展的特点，要在造型基本功与抽象表现上给予重点帮助。

6.2 了解学生身心发展的特点和学习规律。

音乐

【内容要点】

(1)了解学生在认知、身体和社会发展方面的规律。能够把有关人的发展、学生个体差异的知识与课堂教学过程有效地结合起来，在各个音乐能力层次上，为学生提供恰当的、具备挑战性的教学。

(2)了解学生音乐能力的发展规律和学习特点。运用这些知识来设计和实施符合学生年龄特点的音乐教学。例如，理解儿童的嗓音发展特征，选择与之相适应的曲目进行教学。

【举例说明】

了解各学段学生歌唱教学中的音色、音域的变化规律。例如，小学教师要把握童声的自然唱法及音域(一个八度，c—c1)，音色稚嫩、清脆、甜美。初中教师要把握初中阶段学生的变声期及音域的变化(一个八度)，变声期的音色暗淡。高中教师要把握学生变声后的音色及音域的变化。这个时期的学生无论生理和心理都变化很大，音域超过一个八度，音色浑厚、结实、明亮。

了解各学段学生在学习音乐方面的生理及心理发展规律。例如，幼儿至四年级阶段：学生的学习以在“做”中学为原则，唱歌、演奏乐器、音乐律动和创造音乐是学生获得音乐技能和知识的最佳途径。五年级至八年级阶段是学生音乐发展中特别关键的时期。他们表演或学习的音乐通常会成为他们个人音乐库的有机组成部分。作曲和即兴为学生提供对音乐曲式和结构独特的领悟力，同时有助于发展他们的创造力。九年级至十二年级阶段：学生已经达到五年级至八年级的标准，应该表现出更高的技能和知识水平，能够处理趋于复杂的艺术作品，能够对艺术作品做出更为深刻的反应。教师把握以上的规律，选择与之相适应的教学方法和教学内容，对于唱歌教学的有效实施非常重要。

美术

【内容要点】

在美术教学中能够关注学生心理发展的特点，寻找美术与学生兴趣的结合点，保护和激发学生对美术学习的积极性。使课程内容与不同年龄阶段的学生的情意和认知特征相适应，以灵活多样的课程呈现形式和教学方式，激发学生的学习兴趣。应将美术课程内容与学生的生活经验紧密联系在一起，强调知识和技能在帮助学生提高精神和生活品质方面的作用，使学生在实际生活中领悟美术的独特价值。

研究中小学生美术学习的心理发展规律。小学生美术学习处于“象征期”，象征期的绘画随意性很大，不大追求形象的写实，只注意情绪的流露，往往用象征新图形来代表形象，例如画圆圈，可代表蛋或皮球，外边加上短线为“把儿”就可以代表苹果或梨，圆的周围再画上短线，就可以表示太阳。而中学生在美术学习方面处于“模拟写实期”，追求表现形象的真实，但是又不具备表现真实的方法，这正是中学生学习美术的“难点”。因此，中学美术教学要在保留学生在小学阶段“象征期”表达情感优势的同时，选择学生易于掌握的美术技能技法作为教学内容、采取循序渐进的教学方法，消除学生的畏难情绪，增强学生美术学习的积极性。特别要关注中学生美术学习从直观向抽象发展的特点，要在造型基本功与抽象表现上给予重点帮助。

标 准	结果指标
7. 关于课程的知识	7.1 了解艺术课程的性质、课程目标、课程内容、课程组织、课程评价等知识。 7.2 理解课程改革中提出的理念，并知道如何实践课程改革中倡导的价值与行为。

7.1 了解艺术课程的性质、课程目标、课程内容、课程组织、课程评价等知识。

音乐

【内容要点】

(1)了解音乐学科的课程理念、课程性质、课程价值。

(2)了解音乐学科的课程总目标、分段目标、内容标准。

(3)了解音乐学科的课程内容、学习领域、课程组织、课程评价等知识。

把握音乐课程的性质、目标与特点是根本。

音乐是人类最古老、最具普遍性和感染力的艺术形式之一，是人类通过有组织的音响实现思想和感情表现与交流的必不可少的听觉艺术。音乐课通过以聆听音乐、表现音乐和音乐创造为主的实践活动，使学生充分体验蕴含于音乐音响中的丰富情感和形式美，与之产生强烈的共鸣，音乐实践中的心灵交流和直觉体验，有助于在词语和非词语的思维、情绪表达，以及严密逻辑与复杂情感之间，架起联通、感应的桥梁，以便能更完整和更深刻地理解社会与人生。

中小学音乐课程是通过教学及各种音乐实践活动，培养学生爱好音乐的情趣，发展音乐感受与鉴赏能力、表现能力和创造能力，提高音乐文化素养。而对音乐的感悟、表现和创造，是人类的一种基本素质和能力。因此要把握音乐课程的性质与特点来进行音乐教学。

【举例说明】

下面两个例子中，由于音乐教师对音乐课程的性质特点的认识理解不同，因此，对同一课程《青春舞曲》采取了两种不同的教学设计。

第一种：

教师在导入环节中滔滔不绝地讲解新疆的地理位置、风俗人情、历史发展等内容；在新课环节中引导多位学生交流对新疆的感受……整个课堂弥漫在新疆风情的氛围中，但是学唱《青春舞曲》的时间所剩无几。这种教学内容的设计，没有突出音乐学科的性质特点。

第二种：

(1)教师用具有维吾尔族特色的节奏加上简单的旋律，引导学生做了发声练习，为学生学唱新疆歌曲做好歌唱技术的准备，也使学生对新疆音乐的节奏风格特点有初步的感受。

(2)把歌曲中容易唱错的乐句反复让学生学唱，并训练节奏、音准，这样解决了本课歌曲的音准和节奏的教学难点，然后指导学生学唱全曲、表现歌曲的风格和情感。

(3)播放新疆维吾尔族姑娘演唱的《青春舞曲》，引导学生充分体验歌曲的民族风格特点，观看新疆地理位置、风俗人情、乐器、歌舞的视频，使学生深度感受《青春舞曲》带来的艺术魅力。

整节课中，音乐、乐理知识和音乐实践活动充满整个课堂，教师的教学重点突出，教学内容环环相扣，紧紧围绕音乐展开，突出了音乐学科的特点。

美术

【内容要点】

(1)了解美术课程的性质。

美术课程具有人文性质，以对视觉形象的感知、理解和创造为特征，是学校进行美育的主要途径，是九年义务教育阶段全体学生必修的艺术课程，在实施素质教育的过程中具有不可替代的作用。

(2)了解美术课程的总目标。

学生以个人或集体合作的方式参与美术活动，了解美术语言及其表达方式和和方法；运用各种工具、媒材进行创作，表达情感与思想，美化环境与生活；学习美术欣赏和评述的方法，提高审美能力。在美术学习过程中，激发创意，丰富视觉、触觉和审美经验，获得对美术学习的持久兴趣，形成基本的美术素养。

(3)了解美术课程的内容。

“造型·表现”领域：认识与理解线条、形体、色彩、空间、明暗、肌理等基本造型元素，并能运用对称、均衡、重复、节奏、对比、变化、统一等形式原理进行造型活动，增进想象力和创新意识；通过对各种美术媒材、技巧和制作过程的探索及实验，发展艺术感知能力和造型表现能力；体验造型活动的乐趣，产生对美术学习的持久兴趣。

“设计·应用”领域：了解设计的意义、特征与价值；逐步具有关注身边事物、善于发现问题的眼光和解决问题的智慧，进而提高创造美好生活的能力；了解“物以致用”的设计思想以及形式与功能的统一关系，感受各种材料，合理使用工具和媒材，并运用设计和工艺的基本知识和方法，进行初步的创意、设计和制作活动，发展创新意识和创造能力；养成勤于观察、敏于发现、严于计划、善于借鉴、精于制作的行为习惯和认真观察、团结合作的工作态度，形成用智慧与劳动服务于人生的意识。

“欣赏·评述”领域：产生对自然美和美术作品的兴趣，学会欣赏自然美和从多角度欣赏与认识美术作品的材质、形式和内容特征，初步了解中外美术的优秀成果；逐步提高视觉感受能力，能用多种方式表达自己的感受并作出评价，初步掌握美术欣赏的基本方法，形成健康的审美情趣和审美能力；逐步形成崇尚文明、珍视优秀的民族民间美术与文化遗产、尊重世界多元文化的态度。

“综合·探索”领域：了解美术各学习领域的联系，以及美术学科与其他学科的联系，进行探究性、综合性的美术活动，并以各种形式发表学习成果；认识美术与自然、美术与文化、美术与生活之间的关系，发展综合解决问题的能力；开阔视野，拓展想象的空间，激发探索未知领域的欲望，体验探究的愉悦与成功感。

(4)了解美术课程的组织。

坚持面向全体学生，树立全面育人的教学观。要尊重每一个学生学习美术的权利，关注每一个学生在美术学习中的表现和发展，做到因材施教，有针对性地采用教学方法和手段，力争让每一个学生学有所获。农村和边远地区的教师要因地制宜，灵活地选用和创造适合当地美术教学条件的教学方法和手段，努力提高教学质量。

注重对学生审美能力的培养。在教学中，应当遵循学生成长的规律、审美的规律和美术学习的规律，有效利用各种美术课程资源，多给学生感悟美术作品的机会，通过观察、体验、分析、比较、联想、鉴别、判断等方法，引导学生开展美术欣赏和创作活动，努力提高他们的审美品位和审美能力。

重视培养学生的创新精神、创造能力和实践能力。教师要积极为学生营造有利于激发创新精神的学习氛围，设置问题情境，引导学生进行观察、思考和想象等活动，鼓励学生的独立思考和个性化思维，形成创意和独立见解，并创造性地运用美术语言和其他方式加以呈现和表达。

引导美术教学从单纯的技能学习层面向美术文化学习的层面提升。要创设一定的文化情境，使学生通过美术学习，加深对文化的认识以及对美术的社会作用的认识，树立健康的审美情趣、正确的文化价值观，涵养人文精神。

增强美术学习与自然环境和社会生活的联系。美术教学要引导学生关注自然环境和社会生活，通过观察、体验、解读、构思、描绘和塑造等美术活动，培养学生亲近自然、融入社会、关爱生命的情感态度与行为习惯，逐渐形成环境意识、社会意识和生命意识。

建立民主平等、教学相长的师生关系。要既重视教师的教，也重视学生的学，促进学生在教师指导下主动地、富有个性地学习，使美术教学过程成为师生、同学交往互动、共同发展的过程。

重视对学生学习方法的研究。要在完善接受性学习方法的同时，引导学生以感受、观察、体验、表现以及收集资料等学习方法，进行自主、合作、探究学习，加强美术与其他学科的联系，以及与学生生活经验的联系，帮助学生学会学习，掌握基本的美术知识与技能，形成视知觉能力、美术表现能力和对美术的综合运用能力。

探索各种生动有趣、适合学生身心特征的教学手段。美术教学中应运用电影、电视、录像、范画以及故事、游戏、音乐、参观、访问、旅游等方式，增强学生对形象的感受能力与想象能力，激发学生学习美术的兴趣，促进每一个学生在原有基础上的进步。

推进信息技术在美术教学中的运用，不断提高现代教育技术水平。教师应尽可能尝试计算机和网络美术教学，引导学生利用计算机设计、制作出生动的美术作品；鼓励学生利用国际互联网资源，检索丰富的美术信息，开阔视野，展示自己的美术作品，互动交流。

培养学生良好的意志品质和行为习惯。要在具体的美术教学活动中有意识地培养学生认真刻苦的学习态度和持之以恒的学习精神；要求学生从小事做起，逐渐形成关心集体、爱护环境和公共财物的良好行为习惯。

(5)了解义务教育美术课程评价。

依据美术课程标准进行评价。充分发挥评价的激励与反馈功能，帮助学生树立学习信心和发现存在的问题，促进学生在美术学习方面的发展。同时，通过评价获得准确的信息反馈，帮助美术教师不断改进教育教学工作。

要注重对学生美术学习表现的评价。美术教学评价既要依据美术作业评价学生美术学习的结果，更要通过考查学生在美术学习过程中的表现，评价其在美术学习能力、学习态度、情感和价值观等方面的发展，突出评价的整体性和综合性。美术学习表现评价可以采用个人、小组或团体的方式，既可在学习过程中进行，也可以在学习结束后进行。

建立促进美术教师不断提高的评价体系。美术教师应经常对自己的教学行为进行分析与反思。建议教师撰写教育叙事，记录教学体会、教学成果以及需要改进之处；建立以美术教师自评为主，校长、教师、学生、家长共同参与的评价制度，使美术教师从多种渠道获得反馈信息，不断改进教学，提高教学水平。

7.2 理解课程改革中提出的理念，并知道如何实践课程改革中倡导的价值与行为。

音乐

【内容要点】

(1)能准确说出音乐课程改革中提出的基本理念。

在基本理念方面，《义务教育音乐课程标准(2011年版)》(以下简称《音乐课程标准》)提出了五个理念："以音乐审美为核心，以兴趣爱好为动力；强调音乐实践，鼓励音乐创造；突出音乐特点，关注学科综合；弘扬民族音乐，理解音乐文化多样性；面向全体学生，注重个性发展。音乐课程应致力于实现义务教育阶段的培养目标，要面向全体学生，适应学生个性发展的需要，使得人人都能获得良好的音乐教育，不同的人在音乐上得到不同的发展。"

(2)能够理解并说明音乐课程改革中提出的核心理念。

《音乐课程标准》中指出："以音乐审美为核心的基本理念，应贯穿于音乐教学的全过程，在潜移默化中培养学生美好的情操、健全的人格。""以音乐审美为核心"是由音乐课程的自身学科特点决定的。音乐美，就是一种特殊的情感表达方式。情与美的这种不解之缘，决定了音乐教育的基本方式是以情感人，以美育人。"以音乐审美为核心"是贯彻和推进关于素质教育的需要。

(3)理解并能够在教学中实施体现课程改革倡导的理念、价值与行为。音乐是听的艺术，是通过人的感官刺激，产生生活联想及艺术想象，使人感到美，从而发展美感，潜移默化地影响人的心灵。在教学中要注重音乐的听觉特征、时间性特征、情感性特征等。

【举例说明】

以审美为核心的音乐教学，就要更多地关注审美因素在教学中的设计与体现。

(1)音乐及资料的选择设计。

例如，在"家园——蒙古族音乐"的教学中，教师以音乐为主线选择了

13首不同结构、不同形式的蒙古族音乐作品，让学生通过聆听感悟学习音乐，从而获得丰富的情感体验。

(2)音响的质量与音乐的数量的设计。

例如，在高中课程“妈妈的歌”的教学中，教师为实现本课的教学目标，选择了18首世界各地的摇篮曲。以母爱为切入点，结合图片和高质量的音频设备及文件表现出了音乐的最佳效果，深深地震撼了孩子们的心灵。

(3)教师自身激情、语言及环境的设计。

例如，在小学音乐课程“银色的桦树林”的教学中，教师为突出乡村歌手音乐的风格，把自己装扮成美国乡村歌手，头戴牛仔帽，身穿牛仔装，配上有特点的乡村音乐，在学生面前表演，强烈地吸引着学生，学生不仅掌握了音乐的知识和风格，而且很快学会了歌曲，还喜欢上了老师。

(4)参与、情感、愉悦的设计。

例如，在高中音乐课程“动感非洲”的教学中，教师界定在学习体验非洲音乐风格与节奏的特点上，注重并把握了学生参与实践活动的设计与实施，引导学生释放个性，自由表现音乐。设计了两个环节：一是节奏接龙游戏；二是用肢体语言并结合非洲音乐的节奏特点，进行分组模仿创编活动。学生通过这两个环节的参与，获得了音乐的深层感受，达到了情感的升华。

以上几个方面是在音乐教学中如何设计实施课程的理念、价值与行为的需要关注的几个具体问题，是课程理念即“以音乐审美为核心”在教学中体现的不可缺少的重要因素。

美术

【内容要点】

(1)理解义务教育美术课程的理念。

形成学生基本的美术素养；激发学生学习美术的兴趣；引导学生在文化情境中认识美术；培养创新精神和解决问题的能力；强调评价的促进学生发展的功能。

(2)理解义务教育美术课程的价值。

美术课程以独特的方式陶冶学生的情操，提高学生的审美能力；引导学生参与文化的传承和交流；发展学生的感知觉和形象思维能力；增强学生的创新精神和技术意识；促进学生的个性形成和全面发展。

标准	结果指标
8. 关于教学的知识及学科教学知识	8.1 了解教学目标、教学内容、教学方法、教学设计、教学评价等方面的知识，并知道如何运用。

8.1 了解教学目标、教学内容、教学方法、教学设计、教学评价等方面的知识，并知道如何运用。

【内容要点】

(1)了解教学目标是教学的灵魂，指引着教学的方向，决定着教学的内容、方法和具体步骤，保证着教师对教学活动全过程的控制。教学目标也是评价一节课教学效果的依据。

(2)了解教学内容是为实现教学目标对教材的选择与安排。面对一个课题，选择什么内容，不仅要根据这一课题的教学目标的需要而定，还要根据学生的具体情况及教学条件而定。

(3)了解教学方法是实施有效教学的重要方面。教学方法的选用依据是教学目标、教学内容、学生情况以及教师的教育风格。

(4)了解教学设计是对教学的整体规划和把握。教学设计要把教学目标、教学内容、教学方法等作全面的考虑，教学设计要有条理性、科学性和实效性。

(5)了解教学评价和反思的作用，并有科学有效的评价方法。通过评价反思促进学生学习的巩固和提高。

标准	结果指标
9. 科学与人文素养	9.1 对祖国的历史和文化有所了解，有传承中华优秀文化的意识。 9.2 崇尚科学，掌握基本的科学知识及方法。 9.3 具有获取、处理、利用信息的能力。

9.1 对祖国的历史和文化有所了解，有传承中华优秀文化的意识。

【内容要点】

艺术教师要了解中国的历史和优秀的传统文化，对传统的、民族的艺术形式和内容要有更详细的了解，可以通过到民族地区进行社会考察来了解民族艺术；要具有基本的科学素养，了解科学常识，并与艺术联系。

了解文化的四个层面：物态文化（由物化力量构成，人类最基本的生存需求，如衣食住行）；制度文化（由各种社会规范构成，如经济、婚姻、家族、政法、宗教社团、教育、科技的相关制度及准则）；行为文化（由人际交往中约定俗成的习惯性定势构成，如社会行为，风尚习俗）和心态文化（由社会实践和意识中长期化育出来的价值观念、审美情趣、思维方式构成，如文学艺术哲学宗教等）。

9.2 崇尚科学，掌握基本的科学知识及方法。

【内容要点】

（1）科学是指运用范畴、定理、定律等思维形式反映现实世界各种现象的本质的规律的知识体系。按研究对象的不同，可分为自然科学、社会科学和思维科学，以及总结和贯穿于三个领域的哲学和数学。按与实践的不同联系，可分为理论科学、技术科学、应用科学等。

（2）基本的科学知识指自然科学、社会科学和思维科学等知识。包括各种自然现象和天文现象的科学解释，宇宙起源、物质现象、地球形成、生命起源和人类进化等有关知识；各种自然灾害的科学成因，人类文明发展史尤其是科学发展史等知识；与人类身心健康、医疗、保健有关的科学技术知识；与日常生产、生活密切相关的科学知识、技术知识和基本能力等。

（3）科学方法指人们获得科学认识所采用的规则和手段系统，是科学发展的一个重要的内在因素。一般分为三个层次：专门科学方法，即某一门学科中所运用或具有的相应的研究方式、规则和手段；一般科学研究方法，即自然科学、社会科学等共同适用或分别适用的一般方式、原则与手段；全学科方法，即适用范围最广泛、具有最普遍方法论意义的哲学方法。这三个层次既相互区别又相互联系。基本的科学方法主要指一般科学研究方法。

9.3 具有获取、处理、利用信息的能力。

【内容要点】

（1）具备获取信息的能力。即根据学习、工作和生活的需要，有目的地发现信息，能动手调查、了解所需信息。

(2)具备整理信息的能力。即把学习、生活素材等有用的信息进行整理。

(3)具备处理信息的能力。即从众多的信息中，经分析、过滤获取有用的信息。

(4)具备分析和利用信息的能力。即利用已获取、处理的信息来解决工作、生活和学习中的各种实际问题，充分发挥所掌握的信息的作用。

维度二　专业实践

领域三　促进学生的学习与发展

标　准	结果指标
10. 创造良好的学习环境	10.1 创设安全的学习环境和友爱互助的学习氛围。

10.1　创设安全的学习环境和友爱互助的学习氛围。

音乐

【操作要点】

创设良好的音乐学习环境包括两个方面，一是学生学习的安全友善的音乐学习环境；二是学生学习的友爱互助的人文环境。

(1)学生学习的安全友善的音乐学习环境包括：能够针对学生个性特点和学科学习需要更新教室布置；能够在教室中布置鼓励和展示学生进步的图片和音乐格言；能够针对学生个性特征和学习需要设计和选择音乐教具。

(2)学生学习的友爱互助的人文环境包括：能够关注每个学生的个性特点、学习状况和需求；能够采取有效措施鼓励不同学生之间互相帮助；能够尊重学生的个性和隐私；能够和学生建立融洽的师生关系。

美术

【操作要点】

(1)能够建立民主平等、教学相长的师生关系，创设利于积极思维、自由发挥、思想碰撞的研究探索氛围。

(2)能够针对学生个性特点和美术学科学习需要布置教室，创设浓郁的美术氛围，有美术视觉感染力，能启发学生的美术学习和情感交流。可在教室中设置教师与学生美术作品的专栏，师生互相观摩、学习。

(3)能够根据教学需要创设实用的、有效果的、有特色的教具。有比较完备的学习设备、工具，为学生的美术表现、创作提供条件。

标　准	结果指标
11. 设计合理的教学方案	11.1 能够基于艺术学科的课程标准、学习内容、初步的学情分析，确定教学目标并进行正确表述。 11.2 了解教材内容，初步学会分析教材，确定教学重点。 11.3 能够从学生已有的知识基础和生活经验出发，确定学习难点。 11.4 能够依据教学目标设计教学进程。 11.5 能根据教学目标设计评价方式。

11.1　能够基于艺术学科的课程标准、学习内容、初步的学情分析，确定教学目标并进行正确表述。

【操作要点】

(1)能够知道根据学科课程标准、教材内容、学生情况确定教学目标。

(2)能够正确表述教学目标。

(3)能够检查落实教学目标达到情况。教学目标具有可检测性，每一条教学目标都可转为一定的检测题，通过学生对题目的反应可检测该目标的实现程度。这就需要教学目标要用代表学生行为的术语表达。一般用“行为主体＋行为条件＋行为方式＋行为结果”的形式表述：①确定可作为成绩的活动行为。②确定活动行为的必要条件。③确定活动行为合格的标准。例如：“在5分钟内，学生能用线条表现一段舞蹈速写”“对老师提供的某一幅画，学生至少能从三个方面分析其表现方法”等。总而言之，制定课堂教学目标要具体明确，要表明：“谁”“干什么”“在什么条件下”“干得怎样”。

【举例说明1】

常见的教学目标撰写方法之一，是“ABCD”模式，其中包含对象、行为、条件、标准的四要素来表述教学目标。

例如，人音版14册中古典音乐单元的一节教学的知识与技能目标：教师提供六首乐曲(条件)，初一学生(对象)通过听辨(行为)音乐及相关知识，能够识别哪些是古典音乐哪些不是古典音乐，在六首乐曲中至少有四个识别正确(标准)。

例如，学生能将音乐中的古典音乐与爵士乐分类。

很明显这样的教学目标教师很容易操作、评价学生的学习效果，检测教学目标的达成度。建议教师在撰写教学目标时可使用一些行为动词。例如，能够、识别、做到等。

【举例说明2】

明确具体的教学目标便于教师和学生在教学活动中把握。例如，“通过这节课的学习，学生能够了解剪纸的类型，并能够认识剪纸是劳动人民表达情感的艺术”“学生能够掌握绘画透视‘近大远小近实远虚’的基本规律”“学生能够用废旧材料设计制作出日常生活用品”等。对教学来说，笼统含糊的目标是没有意义的，例如，“提高艺术的表现能力”“初步了解美的特征”等。这里怎样确定“提高”“了解”，对此不同的人可以有不同的理解。再者，提高什么“艺术的表现能力”？了解美的什么“特征”？这些都是含糊的、不明确的、不具体的。

11.2 了解教材内容，初步学会分析教材，确定教学重点。

音乐

【操作要点】

(1)学习课程标准，明确教学目的，领会教材的编写意图。

(2)知道教学重点是课程最核心、最重要的教学内容。

(3)能够对所教学段、年级、单元的教材内容有整体了解，清楚所教课程与教材整体的关系，明确各部分在整个教材中的地位与前后联系。

(4)熟记熟唱教材中的音乐作品的旋律、结构、音乐要素及相关背景知识。

(5)根据学生的认知特点、教学重点等灵活地处理教材，分析确定教材的重点及其内容的整体组织结构，以教学重点为中心内容，设计教学目标及教学的全过程。

【举例说明】[①]

教材分析：人教版音乐教材七年级下册第一单元“春之声”。春是四季之首，她在人们的艺术创作中是一个永恒的主题，莫扎特所写的《渴望春天》是一首深受全世界青少年喜爱的歌曲。其音乐语言朴素、简约，富有表现力。旋律线主要由大调式主和弦分解构成，突出音乐清新、明朗的格调；6/8拍既轻快、活泼，又不过分张扬；曲式结构单纯、紧凑；音乐素材运用节省而富于表现力，第一、二、四乐句采用同一材料加以变化，第三乐句则运用变化音、离调和音程大跳等手段推动乐句的发展，典型的起承转合句式，从而使整首歌曲听起来既有变化又有统一，在结构上给人简练、舒服、完整的满足感。伴奏织体采用分解和弦的形式，轻快、流畅。和弦选择以主、属和弦为主，色彩明亮，手法简练，有效地起到了为旋律烘托旋律的作用。在教学过程中教师必须通过自己的二度创作，通过音乐的声音手段恰如其分地将它们再现出来，从而将作品所蕴藏的情感意义和思想内涵深刻而有意味地传达给学生。

《渴望春天》的教学重点是通过学习歌曲《渴望春天》，了解以春为主题的音乐风格特点，从中感受、体验歌曲明朗、愉快的情绪及与自然和谐相处的快乐；能够掌握演唱《渴望春天》歌曲表现的基本方法。这是这一课必须达到的目标。至于古典音乐及其起源发展、背景知识、作曲家的意图、培养合作意识等都不是此课的重点。

那么，作为重点，教学中无论在时间安排、教学策略选择、教学方法等都要重点设计，以完成本课的教学任务。

美术

【操作要点】

(1)能够对所教学段、年级、单元的教材内容有整体了解，能够清楚所教课题与教材整体的关系。

(2)能够围绕教学目标选择教学内容。教师在处理教材时，要看哪些内容能有效地实现教学目标，就要选择它并落在实处，哪些内容与教学目标没关系，就要舍得放弃，哪些内容与教学目标有关系但不是很密切，就要设计在辅助教学环节中。课堂教学内容的设计要突出这一课的中心。

---

① 引自《〈渴望春天〉教学设计》，作者：马国卫。

教师要十分清楚所选择的教学内容是为解决什么问题的，明确每一项教学内容的设计意图，避免教学“为讲而讲”的盲目性。

(3)能够突出教学重点。认识到教学重点是一节课最基本、最核心、最重要的教学内容，是教学目标最集中的体现，是必须要达到的根本目标。明确了教学重点，教学内容就要突出在这一个点上，不要被其他枝梢末节干扰。

【举例说明】

人美版北京教材初中美术第十四册“黑白装饰画”的教学重点是学生能够了解黑白装饰画的艺术特点，能够掌握运用黑白元素进行艺术表现的基本方法，这是这一课必须达到的目标。至于学习黑白画的起源发展、提高学生鉴赏水平、培养合作意识等，虽然都有，但都不重要。

11.3 能够从学生已有的知识基础和生活经验出发，确定学习难点。

【操作要点】

(1)能够对学生学习新内容的知识准备状态进行分析。这里的“准备状态”是指学生已经具备的与本节内容学习相关的知识基础、生活经验和能力水平，要能够通过调查、检测来研究、分析学生关于本节内容相关的知识基础、生活经验和能力水平。

(2)能够明确教学难点和解决教学难点。教学的难点是学生不易理解的知识，或不易掌握的技能技巧。难点要根据学生的实际水平来定。

(3)能够制定有效措施解决教学难点，所选择的教学内容关键要找准解决问题的切入点，提出解决问题的方法步骤，并要有具体的实施措施。

【举例说明1】　　《摇篮曲》中的大跳

《摇篮曲》是德国作曲家勃拉姆斯的著名代表作品之一。歌曲结构短小，共四个乐向。八度大跳及高音演唱是本曲的难点，应在理解歌曲情感基础上，利用学生已知的音程经验，为解决歌曲中的八度大跳及高音演唱难点巧设铺垫，来辅助学习音程八度大跳，做到调整发声状态，运用安排好呼吸来练唱，练唱全曲时力求声音连贯、轻声、平稳，进而达到流畅、柔和。

在课堂教学中关注学生的学习心理，把歌曲演唱中的难点分解在发声练习、歌曲视谱、歌曲练唱三部分中加以解决，巧妙减轻学生的心理压力，保护和培养了学生积极、健康的歌唱心理状态。

【举例说明2】

人美版北京教材初中美术第十四册“字体的装饰艺术”一课，教学难点是“如何装饰”，因为学生的审美想法很好，但表现手段缺乏，眼高手低，感觉力不从心。针对这一难点，教师就要想方设法采取措施，例如演示、提供素材、出示范图、运用计算机等，帮助学生掌握难点。

11.4　能够依据教学目标设计教学进程。

【操作要点】

(1)明确教学目标与教学进程的关系是目的与手段的关系。教学进程是实现教学目标的手段，是为教学目标服务的。

(2)能够从整体教学思路上把握教学进程。教学思路以实现教学目标为出发点，要贯穿起整个课堂教学的内容和形式。一节课先做什么，后做什么，做完这项内容接着要做什么，形成层次分明、条理清楚的教学过程，具有环环相扣的教学秩序和严谨周密的逻辑关系。

(3)在整体教学进程中，要分清主次，要突出教学的主干，其他的枝节是用来辅助主干达到教学目标的。

【举例说明】

一节印象派美术作品鉴赏课，其主要教学目标是学生能够体会印象派美术作品的艺术感染力，认识时代科学对绘画艺术的影响，学会运用光与色的艺术表现方法。其教学主线是学习印象派的作品，那么，有关印象派的作者、社会背景、趣闻轶事可能都需要，但不是主要的，仅仅起辅助作用，辅助主线更好地达到教学目标。

11.5　能根据教学目标设计评价方式。

【操作要点】

(1)把握教学的评价原则。

一是目的性原则。评价要益于提高学生的审美能力和艺术素养，提高学生的观察力、形象思维能力、想象力、表现力和创造力。二是可行性原则。按照艺术教学的基本规律和学生学习的客观实际，评价要明确具体，方法简便易行。力求全面、客观、准确地评价，克服评价的片面性。

(2)确定教学的评价指标。

评价指标包括：预期教学目标的实现；学生的学习兴趣和积极性，表现为学生能够主动参与教学活动，思维活跃，勇于提出问题，努力实现教师提出的各项要求；完成课堂作业情况，按作业要求检查学生作业的数量和质量；课后测试，用书面或口试检查学生掌握基础知识的程度。

(3)设计让学生自评和互评的活动，给学生参与学习评价的机会。进行学生互评方式，有利于学生学习优点、改正不足，也可锻炼自己的判断是非的能力和口头表达能力，不断完善自己。

(4)指导学生制定音乐活动评价单；向学生示范评估的方法和策略；帮助学生形成自我评价技巧。

(5)注意采用多种评价方式，比如，口头表达、答题、测验、自评、他评，采用过程性与终结性评价相结合，表现性评价和发展性评价相结合的方式。评价结果采用评语和等级评价相结合的方式。

标　准	结果指标
12. 实施有效的教学活动	12.1 能够吸引学生注意力，激发学生学习兴趣。 12.2 能够合理安排教学时间，运用教学策略，完成预定的教学任务。 12.3 能够适当地采取互动的形式组织教学。

12.1　能够吸引学生注意力，激发学生学习兴趣。

【操作要点】

(1)选用不同的导入法，引起学习兴趣，激活学习动机，进入学习情境，完成学习任务。常用的导入法有：直接导入(开门见山)；间接导入(旧知识、生动实例)；直观教具导入(观察实物、教具、多媒体)等。

(2)利用多种资源，做教学的鼓动和铺垫。

(3)能够运用各种生动有趣、适合学生身心特征的教学手段。例如，运用电影、电视、录像、范画以及故事、游戏、音乐、参观、访问、旅游等方式，增强学生对形象的感受能力与想象能力，激发学生学习的兴趣。

(4)在教学的导入阶段，利用美术学科特有的具有视觉冲击力的图片、视频和美术活动等吸引学生注意力。或者以特有的表现方式演示，激发学生的学习兴趣。

(5)设计实施各种生动有趣的音乐实践活动。

【举例说明 1】

古典音乐是初中音乐教学的重要内容，也是教学难点之一。从价值、结构、音乐本质上来说，古典音乐都具有鲜明的特色，但是，由于当前学生的成长环境导致他们接受古典音乐比较困难。普通老师对于此种情况束手无策，无法成功地吸引学生学习的兴趣，就回避了这个难点，按部就班地完成教学计划。在“永远的莫扎特”一课中，一位优秀的教师在处理教学内容的难点时，利用学生已有的认知，引用学生最喜爱的流行音乐《不想长大》作为古典音乐教学开始的切入点，这首音乐恰好运用了莫扎特《第四十交响曲》的音乐主题，拉近了学生与古典音乐之间的距离，激起了学生学习的兴趣。这种导入手法成功地解决了教学难点，既纠正了学生的观念，帮助他们树立了正确的音乐学习意识，又很好地保护了学生的学习热情和自尊心，还令学生对于莫扎特产生了喜爱之情，渐渐明白古典音乐的珍贵价值。

【举例说明 2】

在“风景速写”一课教学时，教师以风景速写绘画演示导入，将学生熟悉的日常景物用速写的方式呈现出来，学生既为教师的专业技能所叹服，又引起强烈的好奇心和创作欲望。因为亲近学生身边的事物，学生学习没有距离感，引发了学生学习积极性。

12.2 能够合理安排教学时间，运用教学策略，完成预定的教学任务。

【操作要点】

(1)能够合理划分教学环节，知道各教学环节所占的时间比例。划分教学环节有不同的分法，一般有：导入、新课、复习、拓展、总结等。

(2)了解教学策略及种类，根据教学目标和学生情况选择教学策略。

(3)教师要掌握多种教学方式及学习方式。

以教学过程划分：导入、讲解、讨论、训练、总结等。

以教学内容划分：问题引路启发思考、分析作品交流体会、尝试方法课堂实践等。

以教学方式划分：自学式、讲解式、讨论式、训练式、探求式等。

【举例说明 1】

例如，可以把一堂课分为课始导入、新课、复习、拓展、小结。时间安排如下：

教学环节	导入	新课	复习	拓展	小结
时间分配	第1～5分钟	第5～25分钟	第25～32分钟	第33～40分钟	第40～45分钟

例如，“渴望春天”一课时间安排：

环节	主要教学活动	时间
导入	教师演唱歌曲《祝福春天》	4分钟
新歌学唱	①教师范唱 ②练声 突破歌曲难点 ③加入歌词演唱 ④介绍莫扎特以及歌曲特点	22分钟
对比欣赏复习	①与《小鸟，小鸟》比较 ②与歌曲《春天里》比较 ③总结归纳	6分钟
表现与创造拓展	以自己的方式(可填词、可说唱) 创作一段表现春天的音乐或诗句	10分钟
课堂小结	在《春之声圆舞曲》的背景音乐声中进行小结	3分钟

12.3 能够适当地采取互动的形式组织教学。

【操作要点】

(1)教学的组织形式要建立在民主平等的基础上，既要重视教师的教，更要重视学生的学，使艺术教学过程成为师生、同学交往互动、共同发展的过程。

(2)设计各种互动形式的活动。在音乐教学中，可以指导学生做节奏接龙、探索音响。设计实施小组合作、表演比赛、交流展示。指导学生的音乐律动、旋律创编、即兴创造。

【举例说明】

“身边的音色与节奏”——用纸发出不同的声音

一位教师向每位学生发了一张纸并说：“你能使纸发出不同的声音吗?”学生积极地用纸做撕、揉、拽、弹、磨……动作，发出了20多种不同的声音，令老师都惊奇。接下来，教师把学生按纸的“撕、揉、打”三种方式分成三组，用统一的节奏表现出来，这种统一的节奏混在不同的纸的音色中，形成了非常好的效果，或用节奏接龙与三种纸不同的音色搭配起来，音色与节奏浑然交织一起，学生们亲身感受后兴奋不已，这种师生互动的方式，令学生从新奇、兴奋到越来越投入音乐活动中，产生了巨大的学习兴趣，自然而深入地理解了音色及节奏的概念，明白身边到处都是不同的音色，配上节奏，非常美妙。师生教与学的过程生动而融洽，学生在音乐的实践活动中学到了音乐知识。

标　准	结果指标
13. 培养良好的学习习惯与指导学生学会学习	13.1 能够根据学生的实际情况，逐步提出学习要求。 13.2 具有指导学生形成良好的学习习惯和掌握学习策略的意识。

13.1　能够根据学生的实际情况，逐步提出学习要求。

【操作要点】

(1)了解学生艺术学习的背景知识和实际能力，了解存在的差异。

(2)能够根据学生情况，有层次地进行教学，逐步提出学习要求，完成教学任务。

(3)能够明确、具体地提出学习要求。学习要求最忌讳随意、空泛、模糊不清，要求要很具体，并且易于检查，使学生清楚学习的要求，知道努力的方向。

【举例说明 1】

课题：“灵感源自民间”——民歌也流行(高二年级)

本节课的主旨是使学生通过鉴赏熟悉的流行歌曲，从中找到中国民歌的元素，使学生感受到民歌是流行歌曲的“根”，喜爱民歌，并主动参与音乐鉴赏、音乐表现、音乐创造活动。其中主要教学内容环节的设计体现了依据学生的实际情况，分层逐步提出学习要求，做法如下：

第一，以欣赏民歌《花儿与少年》、民乐女子十二乐坊演奏的《花儿与少年》两个片段作为切入点，让学生用对比的方法了解民歌和新民乐的联系与区别，创设情境、激发兴趣。

第二，教师根据学生的实际能力及经验，培养学生学会聆听，以歌曲《大中国》为例进行鉴赏分析，并逐步提出不同要求，学生通过多次聆听，从音乐中听辨出伴奏乐器：中国鼓、编钟；编钟演奏的主题音调：东方红；歌曲主题素材：东北大秧歌；调式：五声调式；旋律特点：简单、上口、易学；衬词的运用。使学生在流行歌曲中获得了大量的民歌元素。

第三，让学生以民歌《青春舞曲》为例，分组或个人对歌曲的风格、形式、节奏进行改编创作。

通过教师的精心设计，分层逐步对学生提出学习要求，本节课目标及学习任务完成较好，学生不仅对民歌表现出极大的兴趣，而且还发自内心地说出：原来我们喜欢的流行歌曲中含有那么多的民歌曲调和元素，民歌也流行啊！

13.2 具有指导学生形成良好的学习习惯和掌握学习策略的意识。

【操作要点】

(1)指导学生形成学习音乐的聆听习惯。

(2)培养并指导学生乐于参加音乐实践活动的习惯。

(3)能够指导学生养成勤于实践、善于动手的美术学习和训练习惯。美术课是实践性很强的课，无论是知识的理解还是技能的掌握，都既需要动脑又需要动手的能力。

(4)了解学习策略及类型。指导学生掌握学习策略，完成学习任务。

标　准	结果指标
14. 开展多元的学习评价	14.1 具有引导学生参与评价的意识。 14.2 关注学生的学习效果。

14.1 具有引导学生参与评价的意识。

【操作要点】

(1)设计让学生自评和互评的活动，给学生参与学习评价的机会。

(2)指导学生制定艺术学习活动评价单。

(3)向学生示范评估的方法和策略。

(4)帮助学生形成自我评价技巧。

【举例说明1】

音乐作业及活动评价标准

演唱	评价标准	自评（同意画√）	组评（同意画√）
音准	旋律流畅 音准好		
	音准不稳定，（偏高或偏低）		
	跑调		
节奏	节奏准确无误		
	节奏不稳(忽快忽慢)		
与伴奏的配合	准确地听过门进入演唱		
	过门进入不准确(提前或错后)		
表演	准确地体现京剧韵味，京剧手位动作准确，表演富有感染力		
	能反映京剧韵味，京剧动作不够协调，表演平淡		
	表演与作品差距太大		

【举例说明2】

在“我的小天地——纸模型”一课教学中，艺术实践以小组为单位进行，给每个小组发一张制作创作活动记录单，活动记录单上的一项重要内容就是评价。评价包括小组自评与小组互评。评价标准包括参与画草图、制作和家具、与其他组员合作情况；本组成员制作的家具是否精美、新颖、有创意等。

14.2 关注学生的学习效果。

【操作要点】

(1) 随时观察学生的学习反馈信息。

(2) 通过提问了解学生掌握知识的情况。

(3) 在教学中适当安排学生展示交流活动。

(4) 关注学生艺术学习效果，不仅看知识点学会了多少，更要关注学生的艺术能力的提高；还要关注学生艺术学习的创新精神和创造性能力的体现，表现的个性化发展。

标 准	结果指标
15. 促进有效的课堂管理	15.1 能够维持正常的课堂教学秩序，完成教学任务。 15.2 合理调控课堂的时间与节奏。 15.3 合理调控教学内容的走向。

15.1 能够维持正常的课堂教学秩序，完成教学任务。

(1)按照教学计划和设计进行有序教学。

(2)创造适宜的课堂氛围，保持和谐的师生关系：在课堂开始、结束及教学过程各环节，使用明确的提示语，对学生的行为进行引导，以维持课堂秩序。

(3)公平合理的实施课堂纪律，对不遵守课堂纪律的学生，通过口头提醒或者其他巧妙的方式加以引导和制止。

(4)注意运用不同的教学方法和教学形式开展教学。

(5)机智灵活地处理课堂突发事件。

15.2 合理调控课堂的时间与节奏。

(1)备课时对各教学环节要分配时间，以保障心中有数，确保各教学环节顺利完成；对于新授、实践两个部分的教学时间要安排得充裕一些，控制好整个教学的时间与节奏。这样从时间上保证了教学任务。

(2)能够根据课堂上不可预知的学生学习的情况，灵活调整教学设计时各环节的时间分配，或做出取舍。

(3)根据学生的年龄特点和注意力的情况，及时转换过程和节奏，防止注意力分散。

15.3 合理调控教学内容的走向。

【操作要点】

(1)新教师要通过合理的教学设计来维持课堂教学良好秩序。

(2)注意每个环节的时间恰当，不要太长而引起注意力分散；通过讲解、欣赏、练习、创作、表演等不同形式的活动变换，把握课堂的节奏感；内容安排上，要张弛相济，疏密相间。

(3)新教师要掌握提示、暗示、调节气氛、表扬批评等课堂管理的技能。

标　准	结果指标
16. 渗透思想品德教育与生活技能教育	16.1 学习、掌握思想品德教育与生活技能教育的知识和方法。 16.2 具有培养学生生活技能的意识。

16.1　学习、掌握思想品德教育与生活技能教育的知识和方法。

【操作要点】

(1)教师要知道思想品德教育的概念、要素和任务。

思想品德是一个多要素的综合系统，是人们在一定的思想的指导下，在品德行为中表现出来的较为稳定的心理特点、思想倾向和行为习惯的总和。它与一定的经济活动、政治活动、道德风尚及风俗习惯相联系，受到社会发展水平的制约。

思想品德的基本要素包含受教育者的道德认识、道德情感、道德意志和道德行为，简称知、情、意、行；思想品德教育的主要任务、内容和方式方法，同时通过学科教学，挖掘每个单元中的思想品德因素，融入教学设计和课堂教学中。

(2)教师要知道生活技能教育的概念、知识和方法。

生活技能的概念是一个人的心理社会能力，即一个人有效处理日常生活中各种需要和挑战的能力，是个体保持良好心态，并且在与他人、社会和环境的相互关系中，表现出适应和积极的行为能力。自我认识能力可以了解自己；处理情绪缓解压力的能力可以调节情绪，缓解紧张和压力；人际关系的能力可学会交流沟通，找到朋友，理解他人。决策解决问题的能力，可以学会选择和拒绝，保护自我；创造性思维、批判性思维能力可以发挥创造力。

16.2　具有培养学生生活技能的意识。

【操作要点】

(1)教师要知道生活技能的起源与意义。

生活技能教育兴起于20世纪80年代初期的美国。美国学者伯特温

(Gilbert J. Botvin)提出用“生活技能训练”的方法预防青少年吸烟问题，取得很好的效果。于是，生活技能教育在英国、加拿大、澳大利亚等国迅速发展。目前，生活技能教育的理念和方法已被许多国家接受，逐步系统和规范化。

生活技能教育是在考虑文化和发展的前提下，以技能教育为基础，恰当地锻炼强化青少年的心理社会能力，促进发展，保护人权，预防健康和社会问题。属于健康教育的范畴，是素质教育的一部分，目标是预防青少年的问题行为。

(2)教师要具有培养学生生活技能的意识。

教师要知道生活技能教育对青少年生存的重要意义，并具有培养学生生活技能的意识。生活技能教育的目的是使青少年掌握技能，正确认识自己、他人和环境，调整自身行为，发挥个人潜能，建立健康的生活方式，较好地适应社会，健康成长。教育内容主要包括：改进生活技能与健康、了解自己、培养责任感、情绪调节、沟通与交流、理解他人、解决问题、缓解紧张和压力、发挥创造力、选择与决定、行为上异常(吸烟、饮酒)的危害、远离毒品、保护自己、走向健康。

标　准	结果指标
17. 实施积极的安全教育与健康教育	17.1 关心学生的身体健康，鼓励学生积极锻炼身体。 17.2 具有关注学生心理健康的意识。 17.3 主动地维护学生的人身安全，引导学生树立自我保护的意识，提升自我保护的能力。 17.4 对学生的人身安全负有责任感，遇有突发事件时救助学生。

17.1　关心学生的身体健康，鼓励学生积极锻炼身体。

【操作要点】

(1)了解身体健康对于学生成长的意义。

(2)关心学生的身体健康。

(3)积极鼓励学生锻炼身体。

(4)能够与学生一起参加体育活动。

17.2　具有关注学生心理健康的意识。

【操作要点】

(1)了解心理健康对于学生成长的意义。

(2)鼓励学生改进自身的心理健康状况。

(3)能够经常与学生谈心、交流，促进学生心理健康。

17.3　主动地维护学生的人身安全，引导学生树立自我保护的意识，提升自我保护的能力。

【操作要点】

(1)通过安全教育活动提升学生安全意识和自我保护意识。

(2)通过安全教育活动丰富学生自我保护知识，教会学生具体的自我保护的方法

(3)通过安全教育活动教给学生自我保护技能，确保每个同学具有自我保护的意识和能力。

(4)定时组织突发事件的演习，培养教会学生遇到突发事件时的自救能力。

17.4　对学生的人身安全负有责任感，遇有突发事件时救助学生。

【操作要点】

(1)教师要了解保护学生安全的基本知识和方法。

(2)艺术教学中，注意创造良好的教学物理环境，提醒学生的坐姿等，保护学生的视力、嗓子，促进学生身体健康发展。

(3)在校园内外，保护学生的人身安全。如果担任班主任，就要承担更多的管理责任。

(4)关爱学生生命安全，遇到突发事件时勇于救助学生。

领域四　教育教学研究与专业发展

标　准	结果指标
18. 教育教学反思与行动研究	18.1 经常有意识地反思自己的教学，形成教学反思习惯。 18.2 具有问题意识，能够把工作中遇到的问题进行梳理，在他人的帮助下，转化为研究课题。 18.3 学习课题确立与实施的基本方法。

18.1 经常有意识地反思自己的教学，形成教学反思习惯。

【操作要点】

(1)经常有意识地对自己的课堂教学实践进行回顾、审视和反思，总结经验与教训，汲取他人的教学经验，不断改进自己的教学，逐步形成教学反思的习惯。

(2)撰写教学日记、教学叙事和教学案例分析，做好说课评课，提高自己教学反思的质量。

(3)在教学反思中，注意把自己“学会教学”的过程与教学生“学会学习”的过程统一起来，努力提升自己教学实践的合理性。为实现新手到熟练的过渡打下基础。

18.2 具有问题意识，能够把工作中遇到的问题进行梳理，在他人的帮助下，转化为研究课题。

【操作要点】

(1)通过课堂观察、课下与学生交流、家长反映和学习效果检测等渠道，了解自己工作中存在的问题。

(2)不放过问题，与同事或有经验的教师讨论，分析问题，逐步形成教学行动研究专题。

(3)从“问题”入手，把“问题”转化为“课题”，通过“计划—行动—观察—反思”循环过程，把解决问题的过程变成教学行动研究过程，促进自己的专业化发展。

18.3 学习课题确立与实施的基本方法。

【操作要点】

可通过阅读教育科研方法方面的书籍，掌握相关方法。新教师主要掌握调查研究和行动研究的方法。

标　准	结果指标
19. 团结协作与经验分享	19.1 具有团队合作意识。 19.2 积极参加研修活动，虚心求教。

19.1　具有团队合作意识。

【操作要点】

(1)在参加学校的各种活动中，体验本校的办学特色与学校文化，了解团队行为准则。

(2)认同团队行为准则或适时提出建设性意见。

(3)在团队活动中扮演一定的角色，贡献自己的智慧和力量。

19.2　积极参加研修活动，虚心求教。

【操作要点】

(1)培养自己对进修活动的兴趣，每周提前安排工作计划，在计划中包括进修学习的时间。

(2)每次进修活动后，及时思考自己得到的启发与经验，并不间断地积累学习经验，在一定情况下与同事分享。其中，“及时”“不间断”和“积累”是最重要的。

标　准	结果指标
20. 终身学习与持续发展	20.1 养成读书和独立思考的习惯。 20.2 具有探索和研究的意识，积极吸收新理念、新方法。 20.3 具有优化和提升自我专业素养的意识，按要求参加学习和进修。

20.1　养成读书和独立思考的习惯。

【操作要点】

(1)认真阅读是在职教师学习的主要方式，在工作计划中列入一定的阅读时间。

(2)围绕艺术学科教学领域和相关学科领域，有目的性地进行系统读书学习，养成读书、读专业书的习惯，写好读书笔记；通过参观等方式获得艺术方面的新知识，了解新作品。

(3)结合在实际工作中发现的问题，有针对性地进行读书学习，并注意及时总结和积累。

(4)结合课改出现的误区和偏向，有批判性地进行读书学习，提出自己的见解，培养独立思考的习惯。

【举例说明】

观察与思考当前课改中出现的误区现象：把自主学习理解为学生自己学习；把创新思维理解为发散思维；把实践能力简化为动手能力或实验能力；把合作学习狭义地理解为小组自由议论；把综合课程和综合考试理解为拼盘等。结合这些误区，阅读相关书籍并独立思考，写出读书心得笔记或博客，与同事或网友交流。

20.2 具有探索和研究的意识，积极吸收新理念、新方法。

【操作要点】

(1)了解当前课改的动态、关注教育与学科教学领域热点问题和前沿问题，并注意收集和积累相关资料，积极吸收新理念、新方法。

(2)学习教学资料检索方法，对检索到的资料进行文献综述和评价分析，提出需要探索和研究的问题，并为掌握文献调查法打下基础。

(3)及时了解同行提出的新观点，经过独立思考与判断，去粗取精、去伪存真，由表及里，由此及彼，在教学中吸收与借鉴。

20.3 具有优化和提升自我专业素养的意识，按要求参加学习和进修。

【操作要点】

(1)结合课程改革或本地区基础教育发展趋势，思考对教师提出的专业素养新要求，增强优化和提升自我专业素养的意识。

(2)依据本校或本区域基础教育发展需求，带着明确的问题，按要求参加学习和进修，并应用于校本研修之中。

二、从熟练到成熟

维度一　专业基础

领域一　健全人格与职业道德

标　准	结果指标
1. 爱岗敬业，履职尽责	1.1 热爱教育事业。 1.2 自觉遵守教育法律法规。 1.3 认真履行教师职责。 1.4 具有责任感。

1.1　热爱教育事业。

【内容要点】

热爱从事教育事业体现在两个方面：一是对生命的大爱，不是站在具体某一个孩子的角度上表达喜爱，而是一种伦理的情怀；二是在职业中不断获得价值感和成就感，将职业开始升华成事业。

1.2　自觉遵守教育法律、法规。

【内容要点】

(1)教师要掌握和执行教育法律法规，理解法律规定背后的理论依据。

(2)能够将法律法规从外在的规范和强制性要求逐渐内化为自己行为的价值准则，从他律开始转向自律。

1.3　认真履行教师职责。

【内容要点】

教师最主要的职责为教书育人，具体有六条：

(1)遵守宪法、法律和职业道德，为人师表。

(2)贯彻国家的教育方针，遵守规章制度，执行学校的教学计划，履行教师聘约，完成教育教学工作任务。

(3)对学生进行宪法所确定的基本原则的教育和爱国主义、民族团结的教育，法制教育以及思想品德、文化、科学技术教育，组织、带领学生开展有益的社会活动。

(4)关心、爱护全体学生，尊重学生人格，促进学生在品德、智力、体质等方面全面发展。

(5)制止有害于学生的行为或者其他侵犯学生合法权益的行为，批评和抵制有害于学生健康成长的现象。

(6)不断提高思想政治觉悟和教育教学业务水平。

1.4 具有责任感。

【内容要点】

形成了对于教师责任的一种自动化的感情，具备了内驱力系统，从外化到内化，从有意识地遵守责任要求到无意识地履行责任。

标 准	结果指标
2. 关爱学生，教书育人	2.1 热爱学生。 2.2 平等公正地对待每一位学生，尊重学生人格。 2.3 引导学生树立正确的人生观和价值观。

2.1 热爱学生。

【内容要点】

教师职业道德切实体现在师生交往的具体活动中，更直接地体现在教师对教育事业的热爱和对学生的挚爱。

(1)教师要学会了解：学生的行为背后，总有他认定的想法，请试着了解他，不要急于批判他。

(2)教师要学会同理：发挥同理心是了解学生的第一步，蹲下身来，站在孩子的立场去看、去想，才能了解孩子眼中的世界。

(3)教师要学会倾听：以耐心的态度，关注的神情，积极倾听，给予学生完整表达的机会，并同时给予温馨的回应。

2.2 平等公正地对待每一位学生，尊重学生人格。

【内容要点】

教师在与学生的交往中要做到爱无差别，一视同仁，教师不能以自己的私利和好恶做标准处理师生关系，应当给所有学生提供平等的学习机会。一个常见的现象是，教师往往出于虚荣或其他利害，有意无意偏爱一些学业成绩好的学生，而相对歧视或忽视一些成绩差的学生。实际上正是因为后者的成绩差才更需要教师的关怀和帮助。教师要做到：

(1)包容学生的差异。

(2)接受学生的失误。

(3)尊重学生的兴趣和选择。

(4)尽量避免对学生负面的评价语言。

2.3 引导学生树立正确的人生观和价值观。

【内容要点】

(1)教师要善于做价值引导者。

教师不仅践行了教书育人的神圣职责，同时也通过自己高尚的人格境界把乐观、进取、责任、敬业的意识传递给了与他接触的每一个学生。通过教育影响帮助学生树立正确的人生观和价值观。

(2)教师要在师生交往和教育活动中，引导学生树立正确的人生理想。

教师要通过“价值澄清”等有效的教育模式，帮助学生确立正确的价值信仰。

教师要结合现实社会生活，通过正反范例的解读，帮助学生区分正确与错误的人生理想。

标　准	结 果 指 标
3. 为人师表，严谨治学	3.1 遵纪守法，作风正派，公正廉洁，以身作则。 3.2 树立优良学风，刻苦钻研业务，不断学习新知识，改进教育教学方法，提高教育教学水平。

3.1 遵纪守法，作风正派，公正廉洁，以身作则。

【内容要点】

对于法规的循守，不再刻意而为，无须有意注意，能自觉自如地进行自我调控，并在内心深处形成自我约束、自我评估的一系列标准，且标准一般高于教育法规的底线。即已形成个人的道德理想，有了明确的做人原则。

3.2 树立优良学风，刻苦钻研业务，不断学习新知识，改进教育教学方法，提高教育教学水平。

【内容要点】

钻研业务不再出于完成工作任务的需要，或被动地应对工作中问题的解决，而出于自身发展的需要。对于教育教学工作，不再停留于仅以权威专家的理论为据，也不再停留于仅按有关要求行事，而力求做得更好。

在工作中，一方面注重工作质量的提升，和劳动成果品质的保证，积极主动地探寻新路径、新方法，不断主动学习、探索改进工作；另一方面，已有初步的问题研究与预防意识，能在解决问题中不断反思总结，不断探索。

标　准	结果指标
4. 热爱生活，身心健康	4.1 积极锻炼身体，增进身体健康，合理分配精力，保持充沛的活力。 4.2 积极乐观、善良宽容，具有爱心、同情心和正义感。 4.3 能够正确对待困难和挫折，善于自我调节。 4.4 具有良好的生活情趣，至少培养一种有益身心健康的兴趣爱好。

4.1 积极锻炼身体，增进身体健康，合理分配精力，保持充沛的活力。

【内容要点】

(1)深刻认识健康对人的生活和工作的意义，理解锻炼对健康的价值。

(2)养成科学的饮食、睡眠，定期体检的习惯，增进身体健康。

(3)能够保持合理的体重和充足的体力，学会合理分配精力，保持充沛的活力。

4.2 积极乐观、善良宽容，具有爱心、同情心和正义感。

【内容要点】

(1)积极乐观。能够正确理解个人与他人、个人与集体、个人与社会以及个人与工作和生活的关系，常怀自律之心、感恩之心、奉献之心和平常之心；对未来充满希望，对自己充满信心，对他人充满同情与感恩，对组织与事业比较忠诚。具有善良之心，宽容之度，自主意识较强，具有较强的职业认同感。

(2)爱心。对弱小者充满同情，并能够善待弱小者。以学生为例，爱心体现在尊重学生的人格，相信学生的发展潜力和成长的力量，平等地对待每一位学生，理解与宽容学生，关心与关爱学生；使学生能够在理智与情感交融的氛围中享受爱的滋养，实现快乐成长。

(3)同情心。对弱小者能够较为敏锐地觉察与理解，并能够产生情感共鸣；及时给予弱小者以帮助。同情和帮助弱小者，给学生给示范同情心；关爱和帮助成长中的学生，让学生体验同情心；引导学生爱护与帮助，使学生固化同情心。

(4)正义感。具有追求正义、伸张正义的道德意识和道德情感；处事合情合理，为人正直正义；自觉尊重和严格遵守制度、规则和程序；尊重他人的基本权利；对不公平的事情敢于直言，主持正义；对非正义的行为能够谴责。

4.3　能够正确对待困难和挫折，善于自我调节。

【内容要点】

这个发展阶段的教师经过多年的教学实践和生活磨炼，心理越来越成熟，具有较强的心理承受能力和抗压能力，所以，教师要端正对待困难和挫折的态度，善于自我调节。比如：

(1)能够理解困难与挫折乃是人生之常事，而且能够深刻认识其价值；克服困难、经历挫折可以培养人的意志、勇气，锻炼人的能力。

(2)能够寻找困难存在的主客观原因，厘清解决困难的思路，选择解决问题的方法，或求助他人等应对方式较好地解决专业、人际关系或交往等方面遇到的困难。

(3)面对挫折，不慌不怒，不怨天尤人；具有坚定的信心，勇往直前的勇气，朝着既定的目标，加倍努力，锲而不舍地达到目的；同时，具有良好的宣泄方法，以摆脱工作和生活压力。

4.4　具有良好的生活情趣，至少培养一种有益身心健康的兴趣爱好。

【内容要点】

(1)正确认识良好的生活情趣是健康的情趣，向上的情趣，文明的情趣，科学的情趣，不仅可以愉悦心情，催人奋进，而且还可以陶冶情操，提高修养，提升生活质量，促进事业更好地发展。因而每位教师都应该追求良好的生活情趣。

(2)养成一种或多种有益身心健康的兴趣爱好，或者是打球、游泳、跑步、下棋、登山、散步等体育运动活动，或者是唱歌、弹(拉)琴、绘画、吟诗、跳舞等艺术活动，抑或是养花、喂鸟、钓鱼、摄影、旅游、会友、烹调等生活类活动。

领域二　学科知识与教育教学知识

标　准	结果指标
5. 关于学科的知识	5.1 熟练掌握艺术学科课程标准中明确规定的学科知识及其思想方法。 5.2 能够宏观把握艺术学科体系及相关背景知识，描述学科知识的层级结构。 5.3 熟悉艺术学科与其他学科以及生活实践、社会发展之间的联系，并能将这种联系恰当地运用于教学中。

5.1　熟练掌握艺术学科课程标准中明确规定的学科知识及其思想方法。

音乐

【内容要点】

(1)掌握音乐基本要素。力度、速度、音色、节奏、节拍、旋律、调式、和声等。

(2)掌握音乐的形态。音乐结构、音乐形式、音乐体裁、音乐的风格与流派等音乐知识。

(3)掌握音乐基本技能。演唱、演奏、识读运用乐谱、编创等。

(4)了解中外音乐教育发展简史、有代表性的音乐家，识别不同时代、不同民族的音乐。

(5)掌握音乐学科的特有方法：聆听—体验—模仿—创造。

美术

【内容要点】

(1)熟练掌握《义务教育美术课程标准(2011 年版)》中“造型·表现”“设

计·应用”“欣赏·评述”和“综合·探索”四个学习领域的知识与技能。

(2)掌握《普通高中美术课程标准(实验)》中“美术鉴赏”“绘画雕塑”“设计工艺”“书法篆刻”“现代媒体艺术”五个系列的知识与技能。

5.2 能够宏观把握艺术学科体系及相关背景知识，描述学科知识的层级结构。

音 乐

【内容要点】

(1)能够知道并熟练运用音乐学科体系及相关知识。

(2)能够描述学科知识的层级结构。

音乐学科知识的层级结构示意图：

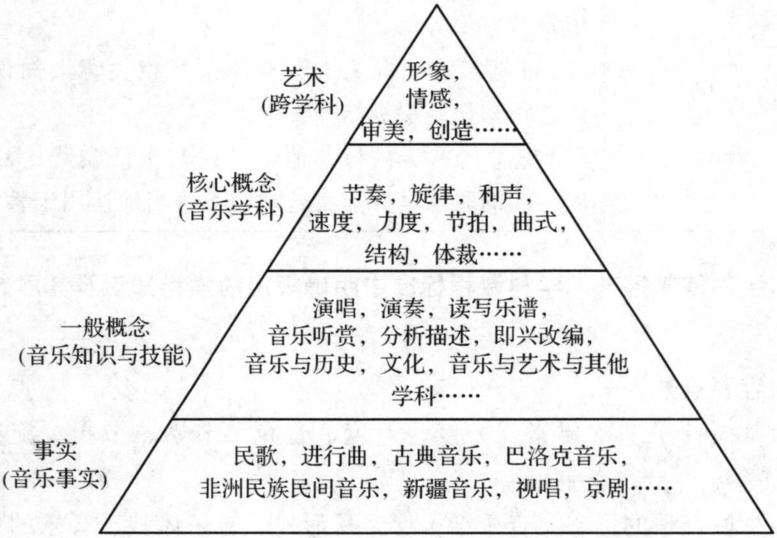

美 术

【内容要点】

美术学科从学习基础的美术现象、开展美术活动开始，研究造型艺术的基本规律和艺术法则，以视觉形象承载和表达人的思想观念、情感态度和审美趣味，丰富人类的精神和物质世界，最终达到培养学生具有美术素养、审美品位、人文精神和创新能力等全面发展的目的。

美术学科体系及层级结构示意图：

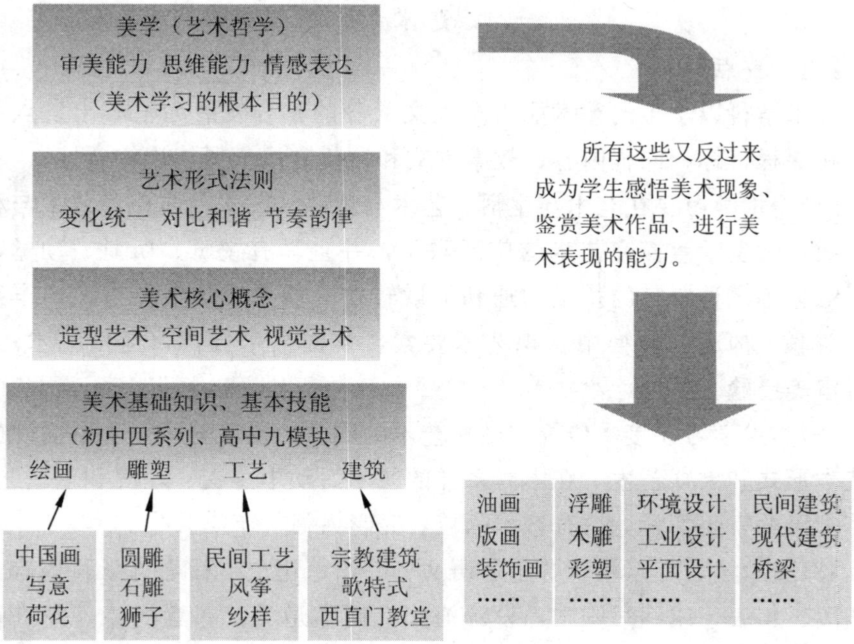

5.3 熟悉任教学科与其他学科以及生活实践、社会发展之间的联系，并能将这种联系恰当地运用于教学中。

音 乐

【内容要点】

(1)理解音乐的学习要以艺术能力与人文素养的整合发展为目标。

音乐学科以普及音乐的基本知识、提高人的修养、建立审美心理结构、充分发挥人的想象力和创造力、陶冶人的情感、培养完美的人格为目标——包括所需求的知识、技能、态度。认识音乐与诗歌、舞蹈、戏剧、影视、美术等不同艺术门类的联系；感知不同艺术门类的主要表现手段和艺术形式特征。

(2)理解音乐的学习要在艺术与生活、艺术与情感、艺术与文化、艺术与科学等方面，激发学生探究艺术的广泛联系。

(3)理解音乐与艺术之外的其他学科的联系。根据自己的生活经验和已学过的知识，认识音乐的社会功能和音乐与社会生活的关系。

美术

【内容要点】

美术学科以学生的艺术能力和人文素养的整合发展为根本出发点和归宿，在课程目标、课程内容、教学方式和评价方式上要体现综合性。

(1)美术学习要在艺术与生活、艺术与情感、艺术与文化、艺术与科学等方面，激发学生探究艺术的广泛联系，并且具有视觉、听觉、动觉、嗅觉、触觉等多种感官的相互沟通和灵敏转换的能力。学生在对艺术丰富内涵的关联、沟通与转换中认识艺术要素，掌握艺术规律，运用艺术法则，丰富审美经验。

(2)美术学习在接受传统与经典艺术的同时，要兼容当今不断涌现的新的艺术形式和大众艺术。在丰富多样的艺术活动中感受、理解和创造艺术，培养健康的审美情趣，提升艺术品位，完善人格，丰满人生。

(3)美术学习可以结合音乐、语文、外语、历史、社会等学科内容，创作插图、年表，或编写剧本，设计海报，制作道具，布置场景，并进行表演。结合数学、物理、化学、生物等学科内容，根据科学原理，设计、制作实用艺术作品，装饰自己的家庭，美化校园环境。调查、了解美术与人类生存环境的关系，依据城镇或乡村的特征，考虑环保、居住、休闲、健身和景观等功能，设计社区未来发展规划图或制作模型，向社区展示。

标 准	结果指标
6. 关于学生的知识	6.1 掌握发展心理学、教育心理学以及艺术学科中关于学生的知识，能够将这些理论运用于学科教学和学生管理中。 6.2 掌握学生身心发展的特点和学习规律，了解学习策略、技巧以及学习习惯指导的相关知识和方法。

6.1 掌握发展心理学、教育心理学以及艺术学科中关于学生的知识，能够将这些理论运用于学科教学和学生管理中。

【内容要点】

(1)掌握发展心理学、教育心理学的基础知识，了解学生的发展与艺术学习之间的关系。

(2)通过评价学生在艺术的、智力的、社会的、生理的及情感方面的成长变化，来了解学生多方面的发展，运用于学科教学和学生管理中。

(3)关注学生的各种特殊需要，选择不同的教学内容和教学方式。

6.2 掌握学生身心发展的特点和学习规律，了解学习策略、技巧以及学习习惯指导的相关知识和方法。

【内容要点】

(1)熟知学生在认知、身体和社会发展方面的规律。

(2)熟知音乐、美术能力的发展规律。

(3)根据学生发展与学习规律选择教学方法。

(4)了解艺术学科学习策略并运用于教学中。

标　准	结果指标
7. 关于课程的知识	7.1 掌握艺术课程的性质、课程目标、课程内容、课程组织、课程评价等知识。 7.2 深入理解课程改革中提出的理念，并知道如何实践课改中倡导的价值与行为。

7.1 掌握艺术课程的性质、课程目标、课程内容、课程组织、课程评价等知识。

【内容要点】

艺术课程不是各门艺术学科知识技能数量的相加，而是综合发展学生多方面的艺术能力；艺术课程也不仅仅是培养学生的艺术能力，同时还培养学生的整合创新、开拓贯通和跨域转换的多种能力，促进人的全面发展。

(1)深刻理解艺术课程的性质，即人文性、综合性、创造性、愉悦性、经典型。

人文性。艺术课程不再把艺术视为单纯的消遣娱乐或单纯的技艺，而是把它视为人类文化的积淀和人类想象力与创造力的结晶，具有极高的人文价值。无论是从文化中的艺术，还是从艺术中的文化视角出发，课程中的艺术作品和活动，皆注入了不同文化身份的创作者、表演者、传播者和参与者的思想情感和文化主张，是不同国家、不同民族、不同时代文化发展脉络以及民族性格、情感和民族精神的展现，具有鲜明而深刻的人文性。

综合性。艺术课程不仅仅是某一门艺术学科的知识、创作技能、文化背景、风格流派等内容的综合，还是音乐、美术、戏剧、舞蹈、影视等多种艺术学科的综合以及艺术学科与其他学科的综合，是一门在课程目标、课程结构、课程内容上探求综合性改革的新型课程。

愉悦性。艺术课程在大量充满情趣的个人或集体的创造、表演、欣赏、交流、评价等活动中，为学生提供丰富的感性材料和信息，使学生尽情、自由地参与多种艺术活动，体验艺术学习的快乐和满足，获得身心的和谐发展。

经典性。艺术课程将古今中外一切经典性的文化艺术遗产，自然地融入课堂教学，成为学生成长所需的文化养分。接触经典艺术有利于培养学生健康、高尚的艺术品位，使他们知道艺术在人类发展史上以及在不同国家、民族文化环境中的价值。这些方面的探求和学习，会不断增加和保持学生学习的动力，激发学生的兴趣。

(2)掌握并深刻理解课程目标、课程内容、课程组织，课程评价等知识，并能在教学中运用。

艺术课程目标的设置是以艺术课程性质的实现为依据。音乐艺术是人类一种多样化的实践活动，艺术课程的教学过程就是艺术的实践过程。因此，所有的艺术教学领域都应强调学生的艺术实践，积极引导学生参与演唱、演奏等艺术表演和即兴编创等各项音乐活动，将其作为学生走进艺术，获得艺术审美体验的基本途径。通过教学及各种艺术实践活动，培养学生爱好音乐的情趣，发展艺术感受与鉴赏能力、表现能力及创造能力。艺术能力与人文素养整合发展的四个方面即艺术与生活、艺术与情感、艺术与文化、艺术与科学。艺术课程的内容、组织与评价应紧紧围绕课程的目标设计和实施。

7.2　深入理解课程改革中提出的理念，并知道如何实践课改中倡导的价值与行为。

音乐

【内容要点】

(1)能够掌握并运用音乐课程改革的基本理念和课程特征。

(2)能够理解并说明音乐课程改革提出的核心理念和重要性。

(3)能够很好地在音乐教学活动中实施课程改革倡导的理念、价值与行为。

如何“以音乐审美为核心”设计音乐教学，要从音乐课的特征、音乐的本质来理解。音乐是听的艺术，是通过人的感官刺激，产生生活联想及艺术想象，使人感到美，从而发展美感，潜移默化地影响人的心灵。音乐以它特有的功能而独立存在，因此要把握音乐的听觉特征、时间性特征、情感性特征。音乐教育是艺术教育，而艺术教育的本质是审美教育。它不只是知识教育、文本教育，更是智慧教育、人生教育。

音乐课程作为审美教育的重要途径，有着与一般学科不同的教学方法，主要体现为：从感性入手，采用体验的方式，以情感人，以美育人，重视教育的潜效应。教师在设计教学时应视教学如同一部艺术作品，应注重贯穿所有的审美因素，音乐教学的重点应在于揭示音乐作品的表现力及音乐要素在音乐表现中的作用。除此之外，为设计实施“以音乐审美为核心”的音乐教学，就要更多地关注审美因素在教学中的设计与体现，如音乐及资料的选择设计；音响的质量与围绕主题音乐的数量的设计；教师自身激情、语言及环境的设计；参与、情感、愉悦的设计等几个方面。

美 术

【内容要点】

(1)理解中学美术课程的理念。

体现时代性、基础性和选择性，满足发展的需求。中学美术课程要适应时代发展和个人发展的要求，增设反映美术学科发展成果的现代设计、现代媒体艺术等内容；注重对美术语言以及美术的发展规律等基础性内容的学习；充分利用和开发校内外美术课程资源，增加课程的多样化，实行学分管理，鼓励学生自主选择，为其个性发展拓展空间，满足学生多样发展的需求。

理解祖国优秀艺术，尊重世界多元文化。中学美术课程要让学生较广泛地接触中外优秀美术作品，拓宽美术视野，尊重世界多元文化，探索人文内涵，提高鉴别和判断能力，抵制不良文化的影响。尤其要引导学生深入地了解我国优秀的民族、民间艺术，增强对祖国优秀文化的理解。

注重学习方法和过程，提高美术素养。中学美术课程的实施要注重培养学生的独立精神，倡导自主学习、研究性学习和合作学习，引导学生主动探究艺术的本质、特性和文化内涵。通过美术学习活动，让学生学会用艺术思维的方式认识世界，学习艺术表现和交流的方法，提高美术素养。

强调创新精神，培养解决问题的能力。中学美术课程要面向学生的生活和发展，引导学生逐步形成敏锐的洞察力和乐于探究的精神，鼓励想象、创造和勇于实践。用美术及其与其他学科相联系的方法，表达与交流自己的思想和情感，培养解决问题的能力，促进美术和其他学科的学习。

(2)理解中学美术课程的价值。

陶冶审美情操，提高生活品质。美术是一种视觉艺术，在发展学生的视知觉，获得以视觉为主的审美体验，陶冶审美情操，提高生活品质等方面，具有其他学科难以替代的作用。中学美术课程能够提高学生对自然物、人造物形态美的认识，提高对美术作品的内容、材料、形式、风格的多样性的认识，使学生体验美术与生活的关系，陶冶审美情操，提高生活品质。

理解美术文化，形成人文素养。我国的美术有着悠久的历史和辉煌的成就，与其他国家和民族的美术共同构成世界美术的多元化。美术是人类文化的重要组成部分，具有人文教育的功能。中学美术课程能使学生较为全面地了解美术与自我、美术与社会、美术与自然等方面的关系，引导学生热爱祖国，理解美术文化，形成人文素养。

激发创新精神，增强实践能力。美术实践是一种创造性的活动，在激发人的创新精神，发展动手能力和开发潜能等方面具有独特的作用。中学美术课程能使学生在美术活动中充分发挥个性和想象、思考、判断等能力，接触各种工具、材料、操作方式和表现形式，获得丰富而独特的体验。这种融鉴赏与创作于一体的学习活动，对激发创新精神、增强实践能力是十分有益的。

调节心理状态，促进身心健康。美术实践作为一种情感表达活动，能使人获得成功感和自信心，具有促进人际交流，释放紧张或消极情绪，增强身心健康的作用。中学美术课程能使学生在美术活动中直接抒发各种情绪，缓解心理压力；获得成功体验，增强自信，升华情感；促进交流，沟通人际关系，从而形成良好的身心状态与社会适应能力。

拓宽发展空间，帮助规划人生。美术渗透于社会生活、生产的各个领域，在美化生活、提高物质产品的文化品质等方面具有重要的应用价值。因此，各行各业的人都需要具有一定的美术素养。中学美术课程既能为学生提供不同的美术基础知识和技能，培养学生终身爱好美术的情感，发展美术方面的能力，也能为他们未来从事美术职业或其他职业拓展发展空间。

标 准	结果指标
8. 关于教学的知识及学科教学的知识	8.1 掌握教学目标、教学内容、教学方法、教学设计、教学评价等方面的知识，并能够熟练运用。 8.2 有意识地在教学中渗透学科统领性概念及呈现学科知识结构，并能基于学生的已有知识及学习状况恰当地选择教学方式。

8.1 掌握教学目标、教学内容、教学方法、教学设计、教学评价等方面的知识，并能够熟练运用。

音 乐

【内容要点】

(1)理解音乐课程目标的设置是以音乐课程价值的实现为依据。

(2)运用音乐课程标准制定的三维目标和对学生与音乐的知识去组织、设计、传授和评估课程与教学，帮助学生学习、创造和反映音乐作品。

(3)掌握音乐教学的过程与方法，运用各种教学策略进行音乐教学。

美 术

【内容要点】

(1)深刻认识教学目标是教学的灵魂，指引着教学的方向，决定着教学的内容、方法和具体步骤，保证着教师对教学活动全过程的控制。

(2)深刻认识教学内容是为实现教学目标对教材的选择与安排。

(3)深刻认识教学方法是实施有效教学的重要方面。

(4)深刻认识教学设计是对教学的整体规划和把握。

(5)深刻认识美术教学评价和反思的作用，并有科学有效的评价方法。

8.2 有意识在教学中渗透艺术学科统领性概念及呈现学科知识结构，并能基于学生的已有知识及学习状况恰当地选择教学方式。

音 乐

【内容要点】

(1)要掌握音乐学科的知识体系和一般学科知识层级结构，不仅了解音乐学科的理念和特有的方法，而且学会运用音乐学科的核心知识概念(节奏、旋律、和声、结构、曲式、体裁等)解决音乐学科的教学问题。

(2)了解学生的学习基础、经验、能力，掌握音乐教学中多种教学方式与手段根据学生学习的不同情况，选择恰当的教学方式开展教学活动。

【举例说明】

一般知识概念图：演唱

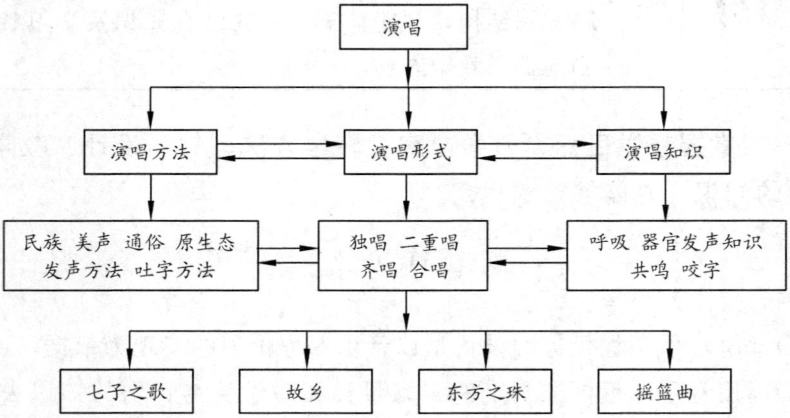

美 术

【内容要点】

美术的核心概念是造型艺术、空间艺术、视觉艺术。美术作品本质特征是生命形态的反映，我们往往说美术要创造的是“活生生的艺术形象”，表达人的丰富情感。因此，艺术学习重在艺术形态的把握。艺术形态存在于万物中，存在于生活中，艺术学习要在万物中汲取元素，在生活中感悟艺术，最终达到用艺术创造生活的目的。

造型艺术形态关系示意图：

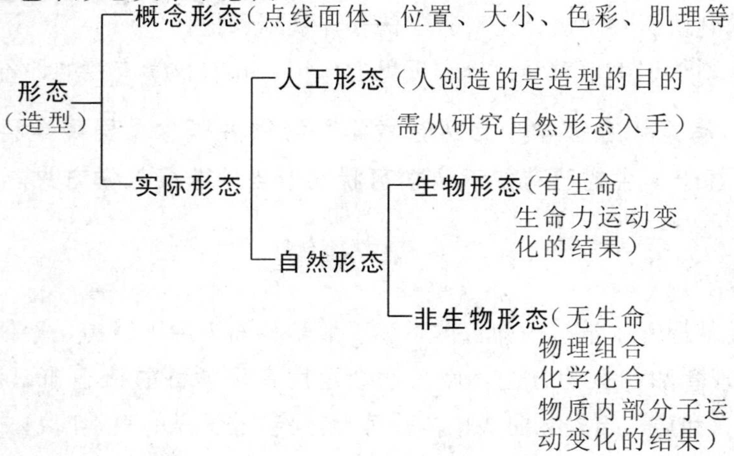

标 准	结果指标
9. 科学与人文素养	9.1 对祖国的历史和文化有深入的了解，有传承中华优秀文化的意识和行动，具有国际视野。 9.2 崇尚科学，掌握丰富的科学知识及方法；具有获取、处理、利用信息的能力。

9.1　对祖国的历史和文化有深入的了解，有传承中华优秀文化的意识和行动，具有国际视野。

【内容要点】

(1)在了解祖国历史和文化内涵的基础上，明确祖国文化各阶段的时代特征：古代文化的源远流长辉煌灿烂，近现代文化的转型时代剧烈演变。只有在世界文化范围中定位中国各阶段的文化，才更能取其精华，剔除糟粕，从而把中华优秀文化发扬光大。

(2)深入了解中华优秀文化内涵和特点，它是中国文化经世代传承积淀下来的思维方式、价值观念、行为准则、风俗习惯，渗透在每个中国人的血液中，制约着中国人的行为方式和思想方式。

(3)这一阶段的教师要注重教材中民族文化的传承，深入研究体现民族文化的课程内容，使用多样有效、丰富的教学手段，激发学生兴趣，引领学生热爱民族文化。

9.2　崇尚科学，掌握丰富的科学知识及方法；具有获取、处理、利用信息的能力。

【内容要点】

运用自然科学、社会科学、思维科学，以及哲学和数学等领域的知识，帮助学生逐步形成社会科学的研究方法、一般科学的研究方法以及辩证唯物主义的世界观和方法论。

(1)熟练教师要具备运用信息工具的能力：能熟练使用各种信息工具，特别是网络传播工具。

(2)获取信息的能力：能根据自己的学习目标有效地收集各种学习资料与信息，能熟练地运用阅读、访问、讨论、参观、实验、检索等获取信息的方法。

(3)处理信息的能力：能对收集的信息进行归纳、分类、存储记忆、鉴别、遴选、分析综合、抽象概括和表达等。

(4)生成信息的能力：在信息收集的基础上，能准确地概述、综合、履行和表达所需要的信息，使之简洁明了，通俗流畅并富有个性特色。

维度二　专业实践

领域三　促进学生的学习与发展

标　准	结果指标
10. 创设良好的学习环境	10.1 建立良好的师生关系，创设安全的学习环境和民主的学习氛围，鼓励学生独立思考。

10.1　建立良好的师生关系，创设安全的学习环境和民主的学习氛围，鼓励学生独立思考。

音乐

【操作要点】

(1)创设并组织音乐学习环境，并能熟练使用多媒体，高度关注音乐价值、音乐内容，让学生充分体验音乐、创造音乐。

(2)创设促进所有学生平等学习的氛围。尊重全体学生学习音乐的权利，使不同知识水平的学生受到重视，认识并协调不同学生的特殊需要；认真选择和使用适当的教学资源，调整技术和战略，创设每个学生能创造性地学习的环境，确保每个学生具有平等的学习机会。

(3)创设促进社会责任的氛围。健康的、激励的和支持性的学习环境会鼓励学生开放表达不同观点，发展艺术上、语言上的创造和鉴赏能力，追求对艺术更多的理解和知识；有技巧地管理和解决课堂上意外的危机和冲突，消除不良环境的负面影响，要求学生有诚实、尊重及公平等价值观。

美术

【操作要点】

坚持美术教学面向全体学生，树立全面育人的教学观，是建立良好的师生关系、创设友爱的学习环境的保障。

(1)能够尊重每一个学生学习美术的权利，关注每一个学生在美术学习中的表现和发展，力争让每一个学生学有所获。

(2)能够关注到每个学生的个性特点、学习状况和需求设计教学，有针对性地采用教学方法和手段，做到因材施教。

(3)能够特别关注到学生中的弱势群体，能够采取有效措施鼓励学生对美术学习的积极性。

标　准	结果指标
11. 设计合理的教学方案	11.1 能够基于艺术学科的课程标准、学习内容、较为深入的学情分析，确定教学目标并进行正确表述。 11.2 熟悉教材内容，深入分析教材，准确把握教学重点。 11.3 能够结合教材和学情准确确定学习难点，采取有效措施解决教学难点。 11.4 依据教学目标设计合理的教学进程。 11.5 根据教学目标设计合理的评价方式。 11.6 提供有实效性的学习资源。

11.1　能够基于学科的课程标准、学习内容、较为深入的学情分析，确定教学目标并进行正确表述。

【操作要点】

(1)深入分析学生的身心发展特点、年龄特征、生活经验、学习能力、音乐水平，对音乐学习的影响。

(2)用恰当的行为动词正确表述三维目标。

【举例说明】

例如，“中国民歌”的教学目标，有一位教师是这样设定的：

第一，能够对中国民歌感兴趣，愿意聆听和演唱可遴选的几首中国民歌；

第二，能够感受、体验劳动号子、山歌、小调所传递的不同的音乐情绪及音乐特征，并能初步辨认上述三种民歌体裁；

第三，能够收集有关中国民歌的音像资料和文字资料并参与课堂讨论。

从这三项目标中看，显然是针对学生能够参与的活动而设定的。所有的目标内容都是具体的可操作的，而且是学生通过学习能够做到的。

又如：

(1)知识目标：能够说出歌曲作者，并能简要介绍作者的代表作品及创作风格，了解作者生平。

(2)能力目标：能够用自然的声音、正确的节奏和旋律歌唱；能够用口风琴吹奏两声部的旋律(口风琴的掌握可因人而异)。

(3)德育目标：能够感受到以“春”为主题的音乐作品给人带来的美感和享受。

11.2 熟悉教材内容，深入分析教材，确定教学重点。

音乐

【操作要点】

(1)学习课程标准，明确教学目的，领会教材编写意图。

(2)深入分析教材，明确教学目标，确定教学重点。

(3)能够对所教学段、年级、单元的教材内容有整体了解，清楚所教课程与教材整体的关系，明确各部分在整个教材中的地位与前后联系。

(4)分析确定教材的重点及其内容的组织结构，根据学生的认知特点及教学条件等灵活地处理教材。

【举例说明】

《摇篮曲》的教材分析

(1)学生需要掌握的内容。

初步认识摇篮曲的概念，能够准确演唱勃拉姆斯的《摇篮曲》。让学生学习基本的歌唱方法，如高音弱唱。

(2)学生学习这些知识的重要性。

摇篮曲是音乐中的一种重要体裁形式之一，通过学唱旋律进一步体验和感受，深入了解这种体裁的风格特点，从而提高学生学习音乐的能力。

(3)不一定讲给学生的关于这个主题的知识。

浪漫乐派的风格特点。

(4)与这个主题有关的困难和局限。

歌唱实践的难度：歌唱技能——弱音高唱，不容易让学生掌握声音、位置、气息的稳定性。

体裁这一概念的深度理解。

美术

【操作要点】

(1)熟悉所教学段、年级、单元的教材内容，对教材有深入分析，有整体了解，清楚某一具体课程与教材整体的关系。

(2)准确把握教学重点。教学重点是一课最基本、最核心、最重要的教学内容，是教学目标的集中体现，在某种意义上讲，突出教学重点，意味着即使在一课中有一些目标没有达到，也必须保证必须要达到的根本目标。

11.3 能够结合教材和学情准确确定学习难点，采取有效措施解决教学难点。

【举例说明】

人民音乐版高中教材第十一单元“一个人的流派——德彪西”第二十一节德彪西《大海》这一教学内容很难讲授，因为学生对印象派音乐接触很少，对印象派音乐的风格特点就更不了解。本单元的内容整体上都是教学的难点。一位教师利用了音乐与美术的结合去设计教学，取得了比较好的效果：

(1)简要了解印象派音乐代表人物德彪西(先介绍作曲家)。

(2)欣赏《大海》的第一乐章和《亚麻色头发的少女》(音乐版本和音响质量要优质)。

(3)欣赏印象派绘画作品：法国印象派画家莫奈的《日出·印象》和雷诺阿的《亚麻色头发的少女》(康威尔斯小姐像)，并介绍风格特点。

(4)欣赏音乐的同时观看绘画作品，思考音乐作品与此两幅画给我们的感受，加强与相关文化的联系。

(5)简要介绍印象派音乐的相关知识，并与浪漫主义音乐风格对比，加深学生对印象派风格的了解。

(6)再次聆听体验感悟音乐《大海》。

(7)学生谈感受、评价学生创作的作品。

在教师的精心设计下，借助美术作品来解决难点，使学生被印象派音乐所吸引，一位学生深情地说：“此大海非彼大海，此大海乃心中的大海……”

11.4 依据教学目标设计合理的教学进程。

【举例说明】

人美版北京教材初中美术第十六册《艺术与科学》一课相关教学内容的

关系及流程示意图：

宏观：艺术与科学的辩证关系

李政道 吴冠中

“艺术与科学就像一枚硬币的两面。” “科学探索宇宙的奥秘，艺术探索人类情感的奥秘。”

人类社会科学发展的四个主要阶段 对应艺术变革的时期

微观：艺术与科学结合的生活中的产品

艺术与科学共同作用使人类更加完美

艺术实践：现代产品设计

关于艺术与科学的教学，以往会单纯作为欣赏课教学，如果我们把欣赏与实践结合起来，在启发学生理解艺术与科学辩证关系、认识艺术与科学的共同作用会使人类生活更加完美的同时，引导学生运用美术语言设计艺术与科学相结合的生活产品，美化生活，就从理论到实践层面为学生搭建了创造的平台。这就是一个具有连贯性和层次递进的教学进程。

11.5 根据教学目标设计合理的评价方式。

【操作要点】

根据具体、可操作、可检测的教学目标设计评价内容和评价方式。

【举例说明】

音乐歌唱(器乐)教学评价表、评价项目的设置，特别是音乐鉴赏、演奏、演唱水平及表演能力的设计，其目的都是为了提高学生的综合音乐能力。

音乐歌唱(器乐)教学评价表

	自信自然	音色音准	流畅完整	表演创造	基本技能	总分
学生自评	0.5	0.5	1	0.5	/	3
同学互评	0.5	0.5	1	1	/	3
教师评价	0.5	0.5	1	2	0.5	4
总计	1.5	1.5	3	3.5	0.5	10

11.6 提供有实效性的学习资源。

音乐

【操作要点】

(1)利用多样化的资源。为了使学生深入理解音乐，需要寻找和检验新的材料和教学资源，并让学生接触这些资源；集中综合的、平衡的资源，帮助学生投入不同文化、时代和地域的音乐学习中去；运用可行的、易得的教学资源激励学生学习音乐；认识到技术在寻找和贮存音乐资源信息中的作用；在资源缺乏和资金有限时，寻求社区的支持。

(2)灵活选择教学资源。选择有真正教育价值的、适合学生人数和学生特殊需要与发展水平的资源，鼓励学生去体验和尝试探索音乐作品、书本和其他媒体，帮助学生理解艺术思想和现象。

(3)视同事和社区为重要的资源。与同事合作，利用同事的知识和优点来完善并支持音乐学习，确保音乐课程的完整性；鼓励学生视同学、高年级学生和父母为有价值的教育资源；向校外延伸课堂，视当地的社区为重要的资源，鼓励学生与艺术家、艺术活动组织者、商人、学院或大学合作，从而促进艺术学习。

美术

【操作要点】

(1)满足学生学习美术的基本条件。应为每一位学生配齐必备的美术学习工具和材料，包括绘画工具、材料和泥工工具、材料。1至9年级学生必备画笔、颜料和美术专用纸张。

(2)完善美术教学的基本材料和设置。学校应配齐必备的美术教学设备与器材(至少应配齐水彩画、水粉画、中国画、版画等绘画工具、材料；泥工工具、材料等)，配置美术专用教室，并提供储藏教具、工具、材料的场所以及展示学生美术作品的场所。有多媒体教学设备的学校应配备可供美术课使用的计算机软件。

(3)丰富美术教学的图书和影像资源。学校的图书馆应配备美术书籍和其他美术资源，包括教师参考书、学生参考书、美术书籍和杂志、美术教育书籍和杂志、幻灯片和光盘等，供教师备课和上课、学生收集、查阅资料以及自学或合作学习时使用。

(4)拓展校外美术教学的资源。应广泛利用美术馆、图书馆、博物馆、艺术家工作室、艺术作坊和社区等校外的课程资源，开展多种形式的美术教育活动。民族、民间美术以及人类文化的遗物、遗迹也是重要的校外课程资源，应充分利用当地的民族、民间美术资源以及文物资源，开展各种形式的美术教育活动。

(5)鼓励开发和利用网络美术教学资源。有条件的学校应积极开发信息化课程资源，充分利用网络，获得最新的美术教育资源，开发新的教学内容，探索新的教学方法，并开展学生之间、学校之间、省市之间和国际的学生美术作品、教师美术教学成果等方面的交流。农村、边远地区及少数民族地区，应充分利用远程教育网络，引进优质美术教学的资源，提高美术教学的效益。

(6)充分利用自然和社会美术教学资源。尽可能运用自然环境资源(包括自然景观、自然材料等)以及校园和社会生活中的资源(如文体活动、节庆、纪念日、建设成就、重大历史事件以及城市和农村的环境等)进行美术教学。农村、边远地区及少数民族地区的学校尤其应该因地制宜，充分利用当地的各种资源，开展有特色的美术教学。

(7)积极开发地方美术课程资源。地方美术课程资源的开发有利于实现美术教育的公平，丰富美术教学的内容，提高美术教学的效益，突出地方美术教育的特色，因此应予以高度重视。地方美术课程资源非常丰富，各地美术教研机构、研究人员和教师应努力做好课程资源开发工作，有组织地在当地进行调查、了解，分类整理，充分加以利用。

标　准	结果指标
12. 实施有效的教学活动	12.1 运用多种教学手段，吸引学生注意力，有效激发学生学习兴趣。 12.2 运用恰当的教学策略，合理安排教学时间，较好地完成预定的教学任务。 12.3 运用多种互动的形式组织教学。

12.1 运用多种教学手段，吸引学生注意力，有效激发学生学习兴趣。

音乐

【操作要点】

(1)创设情境(故事、图片、宣传片)，运用多种媒体(视频、音频、传统的教学用具、黑板及现代的多媒体)。

(2)教师语言(讲解、故事、诗歌等)，语言丰富、用词准确，吸引学生注意力，激发学生学习兴趣。

(3)教师技能(演唱、演奏)的展示，吸引、感染学生。

(4)教学魅力(教学风格、服装、肢体语言等)。

美术

【操作要点】

教学手段多种多样，其中教学开始的导语是吸引学生注意力的有效手段。教师要认识导语的作用，运用导语安定学生情绪，吸引学生的注意力，营造新的学习情境，激发学生的学习兴趣，并能够给学生的思维确定方向。

(1)导语的设计要做到以下几点。

导语要有针对性。导语要围绕教学内容来设计，不能离题万里，不同的教学内容要有不同的导语。还要根据学生的具体情况来设计导语，才能达到把学生的精神集中到课堂上来的目的。

导语要有趣味性。导语贵在引人入胜，如果老师的开场白是一个固定模式："今天我们讲××××课"，学生会感到索然无味。只有新鲜奇异、趣味横生、不落俗套的导语才能吸引学生。

导语要有诱导性。导语的作用是把学生引入新的教学内容，能启发学生思维，促使学生产生对新知识的探求欲望。语言要简明洁净，切忌啰唆，太长的导语反而不知其所云。

(2)导语设计的常见方式有以下几种。

开门见山式。如果学生情绪比较稳定，学习状态良好，教材本身没有特别之处，教师就可以开门见山，直截了当地向学生交代课题、学习目的、学习内容，把学生引领到新的学习中去。这是一种比较常见的导语形式。

回顾复习式。有些课，教师往往要从以前学习过的内容导引出新一节课的学习内容和学习目的。这样的课常常是上一节课不能完成，必须延续到这一节课，或上一节课已经给学生留下了思维的空间，为了让学生续上思维的线索，把上下节课的内容衔接起来，教师很有必要采取简要复习的方式来唤起学生的记忆，并根据教学内容的必然联系，把学生引导到新的学习内容上来。一些复习课也常常采用这种导入方式。

制造悬念式。制造悬念把学生的胃口“吊起来”，吸引学生注意，激发学生的兴趣。例如在上敦煌艺术课的开始，老师先讲：传说有一个乐尊和尚从遥远的西域穿越茫茫沙漠东行，来到一座鸣沙山上，看到东方显现出一道佛光，于是乐尊和尚做出了惊人之举，开始了后来举世闻名的创造，是什么惊人之举呢？这段开场白从一个传说故事开始，甩出一个悬念，一下抓住了学生的心，集中了学生的注意力，唤起了学生对故事后来的关注，有效地引导学生开始敦煌艺术的学习。

提出问题式。这也是教师用得比较多的一种导入新课的方式。问题式就是根据教材特点设计一个或若干个引人思考的问题，把学生的注意吸引到新的教学内容上来。导语的问题设计要由浅入深，循循诱导，把学生一步一步引向寻求新知的道路。

故事情境式。根据教学内容讲述一段与教学有关的历史故事或文学故事，把学生引入新课，是导语的一种方式。故事的生动性和趣味性最能吸引学生进入新课，激发学生的求知欲和探索精神。

奇言妙语式。教师如能设计好若干句与教学内容有关的奇言妙语，对吸引学生注意，引入新课，是很有效果的。例如，在讲西方建筑艺术一课的开始时，老师说：“今天我要带大家去欧洲旅游。”学生的心一下就被吸引到课堂上来。

演示示范式。教学演示示范是美术教学不可缺少的方法，如果在上课的开始，教师能用娴熟的手法进行演示，一定会使学生惊叹不已，并怀着钦佩的心情上好这堂美术课。

教师也可以新奇的语言，营造出一定的情境氛围，激发起学生的想象力，使学生进入教学内容中的某种境界。例如，在讲中国山水画课的开始，教师竭力描绘“中华大地无山不青无水不秀”的美，使学生沉浸在对山水的美好想象中开始学习新课。

12.2 运用恰当的教学策略，合理安排教学时间，较好地完成预定的教学任务。

音乐

【操作要点】

(1)能够运用竞赛式、表现式、辩论式设计教学高潮。

(2)能够运用恰当提问，有效追问，深化课堂教学。

(3)能够运用恰当的语言，有效开展课堂教学。

(4)根据教学内容合理安排教学时间，确保完成预定的教学任务。

【举例说明】

"恰当提问"就是能够把教学重点问题分解为较低认知水平的问题系列，且问题设计有一定梯度，能够准确表述问题，且面向全体学生适时提问；"有效追问"的有效性表现在教师能够根据学生对问题回答中的合理点，发现学生思维障碍点，有针对性地进一步提出问题，从而深化问题，有效达成教学目标。要想达到恰当提问、有效追问，就要做到以下两点。

1. 研读教材内容，准确设定教学目标，设计问题化大为小。

"你有什么感想?"这个问题，提得过大，要避免这个问题，教师要深刻地研读教材、准确设定教学目标，依据教学目标把大问题分解成几个小问题，引导学生来回答，逐步把学生引入音乐的深入分析之中。新课标要求7—9 年级的学生能够主动地体验音乐所表达的各种情感，并能运用音乐表情术语进行描述，能简要表述音乐情感的发展变化。在对学生提出问题时，最好能运用一些易懂的音乐术语引导学生去体验和感受，让学生模仿老师用音乐语言讲述心中的感觉。这需要一个训练过程，教师在进行教学设计的时候要讲究系统性，逐步培养学生运用语言描述音乐情感。

2. 认真分析学生学习情况，提出问题搭设台阶。

要实现最好的提问追问效果，除了根据教学内容精心设计问题以外，还要准确分析学生的学情。问题的设置，一定要充分考虑学生的实际情况。根据学生已有的认知、结合学生的兴趣点来设置学生能够得着的问题，搭好阶梯引导学生逐步深入知识的学习，这样才能真正做到提问准确，追问有效。

教学中的有效提问可以增强学生在学习过程中的主体意识，促进学生思维能力的提高，并使学生在能阐释理由的基础上真正理解教学内容。在音乐欣赏课中，提问有了层次性，追问取得良好的效果，老师再问："你有什么感想?"时，学生就会带着对音乐的理解，充满自信地侃侃而谈、畅所欲言了。

美术

【操作要点】

合理安排教学时间，设计系统的教学环节，在大的教学环节中再细划分小环节。教学环节的多少、大小都要根据一节课整体的结构安排时间，有条不紊地完成教学任务，达到预期的教学目标。

在整个教学活动中，控制好节奏，利用多种教学手段和教学策略，创造一个个小高潮抓住学生，巩固学生学习兴趣，增强教学时效性。

对划分的教学环节，要有对此环节意图的阐释，即为什么设计这一环节？设计这一环节要达到什么目的？都要有清楚的说明。

【举例说明】

"中国古典园林欣赏"这一课是美术"欣赏评述"领域里的内容，引导学生对中国古典园林有基本的了解，学会欣赏评述中国古典园林的艺术特色，并能够有自己的体会。

这一课的教学环节围绕一系列问题框架展开：和西方园林相比，中国古典园林的根本特征是什么？阅读文字资料(《红楼梦》片段)，找出中国园林有哪四大造园要素？园林中的假山怎样布置？太湖石的美感是什么？园林中有哪些常见的水景以及相关的游园活动？园林中的花木有何作用与寓意？园林中的建筑有何特点和作用？中国古典园林的空间布局有何特征和手法？园林中诗词匾额有何作用？最后请同学们谈谈应该怎样欣赏中国园林？

设定教学环节流程：课前准备(学生问卷调查，学生采访片段录制)—播放采访片段，导入问题—对比提问，重点讲解中国园林的根本特征—造园要素—空间布局—诗词匾额—总结本课所学—布置课后作业—作业讲评、反馈评价。

具体教学环节设计：

教学环节	教师活动	学生活动	设置意图
导入2分钟	播放学生采访片断，提出问题“我们经常会去游览园林及一些名胜古迹，但是很多人却不知道在园林里看什么。园林的美到底在哪里？你知道应该如何欣赏中国古典园林吗？今天就让我们一起走入中国的古典园林”。	观看视频资料，思考教师提出的问题，进入欣赏情境。	用视频资料吸引学生的注意力，使他们尽快进入欣赏情境。
	展示图片。讲解中国园林分为四大类：皇家园林、私家园林、自然风景名胜、寺观园林。今天我们重点介绍私家园林。	观看一组图片，知道中国古典园林的基本分类和代表名园。	
一、中国古代园林的根本特征8分钟	提问：和西方园林相比，中国古典园林有何特征？ 对比展示拙政园与凡尔赛宫花园的照片，请学生思考中国古典园林与西方园林的不同之处。展示图片，阐述中国与西方在自然观、山水观、世界观上有很大差异，这也是为什么中国园林的面貌与众不同的重要原因之一。 教师根据学生回答情况，总结概括：“虽由人作，宛自天开”——明代计成所著《园冶》中的这句话，概括了中国古典园林的根本特征。	仔细观看照片，同学之间交流讨论。通过对比观察可以看出中国的园林比较强调自然，不像西方园林那样把花木都修剪成几何形状。 根据教师提问思考中西方观念的差异对园林产生的影响。	用比较的方法教学加深学生的印象与理解。从具象的事物中提取抽象的观念，让学生的思维更深更广。

续表

<table>
<tr><th>教学环节</th><th>教师活动</th><th>学生活动</th><th>设置意图</th></tr>
<tr><td rowspan="2">一、中国古代园林的根本特征 8分钟</td><td>教师进一步阐述中国的园林都是由文人、画家、诗人参与完成的。他们常常深受儒家、道家、佛家思想的影响，常常从宋元山水画中汲取灵感，常常寓情于景。</td><td>在教师引导下，了解园林受到的儒家、道家、佛家等多种哲学思想的影响。其中主要的有：
1. 儒家比德的思想。仁者乐山，智者乐水。仁者像山一样安稳坚固而万物滋生。智者像水一样乐于治世而布置穷尽。把自然的山水和人伦进行比附。
2. 道家神仙说。海上有三山：蓬莱、方丈、瀛洲。北海、颐和园、西湖都在湖中置岛模拟仙山。
3. 佛家禅宗思想。“空山无人，水流花开。”不是没有人，而是人在自然中物我两忘，水流花开，一切自在圆满。佛祖拈花，迦叶微笑，当下顿悟、心知肚明。</td><td rowspan="2">补充大量背景知识，联系学生学习过的诗词、文学知识，让学生感受到艺术是相通的。园林体现出的是综合艺术。</td></tr>
<tr><td>展示图片。山水诗、山水画对园林的影响。士这一阶层，达则兼济天下，穷则独善其身，清高、孤傲、正直，怀才不遇或归隐山林。如陶渊明、王维、谢灵运等，他们的诗词也对造园的意境起了重要的作用。</td><td>师生一起背诵诗词：
采菊东篱下，悠然见南山。
明月松间照，清泉石上流。
相看两不厌，唯有敬亭山。
山路元无雨，空翠湿人衣。
等等。</td></tr>
<tr><td rowspan="2">二、中国古典园林的造园要素 10分钟</td><td>展示文字资料（红楼梦片段），提问：请找出中国园林的四大造园要素。</td><td>学生在阅读的过程中仔细寻找，根据教师的引导明白造园要素是山、水、花木和建筑。</td><td>让学生自主学习，记忆深刻。</td></tr>
<tr><td>1. 教师介绍园林中的山的特点。假山以湖石为美。展示四大名石图片，提问：太湖石的特点是什么？
教师介绍宋徽宗修艮岳、米芾拜石的故事。</td><td>观看图片，在教师启发下感受太湖石独特的美感：瘦、皱、漏、透。
听故事，进一步了解中国古人赏玩石头的传统。</td><td>让学生思考问题。讲故事提高学生兴趣。活跃课堂气氛。</td></tr>
</table>

续表

教学环节	教师活动	学生活动	设置意图
二、中国古典园林的造园要素10分钟	2. 提问：园林中的水景有哪些？有关的活动有哪些？ 在学生回答基础上，教师进行补充。重点讲流觞。	学生思考回答园林中有： 湖泊、瀑布、池塘等水景，还可以垂钓、泛舟、流觞、采莲等。	让学生自主学习。加深对园林中水的作用的理解。
	3. 提问：园林中的花木起到什么作用？你知道中国园林中的花木有何寓意吗？ 重点讲解四君子、岁寒三友等中国传统寓意文人情怀的花木。	学生思考并回答园林中的花木可以增添色彩、香气，和山水共同构成自然魅力的景观。 梅兰竹菊、松竹梅、荷花、玉兰、牡丹等在中国都有特定的寓意。园林中的景致常常因为这些花木而别有情趣。	让学生自主学习。加深对园林中花木的作用的理解。
	4. 提问：谁能说出10个园林中的建筑？它们有何共同特点？在园林中建筑又起什么作用？ 展示图片重点介绍： 拙政园小飞虹、枕水游廊、馀荫山房、爬山廊等建筑。	学生看教师展示的图片回答园林建筑有亭台楼阁等，它们都很精巧。在园林景观中起到“点睛”的作用。 在教师引导下欣赏小飞虹等园林建筑，进一步体会中国园林建筑的因形就势，造型奇美的特点。	让学生自主学习。加深对园林中建筑的作用的理解。
三、中国古典园林的空间布局10分钟	请看图片，谈谈中国古典园林的空间布局特点？谈谈造园家是怎样实现小中见大、变幻无穷的空间布局的。	学生观看图片，了解中国园林的空间特点是小中见大、变幻无穷。以有限的空间造出无限的幻境。	
	1. 曲折布局 对比展示故宫和拙政园的布局图片，讲解园林布局与宫殿建筑布局的不同。	对比观察，一目了然。	在此用对比的方法。加深学生对园林曲折布局的印象。
	2. 围景 提问：你知道北京哪些大的园林中还有小的园林？ 展示图片。	思考问题，联系生活实际。在教师的引导下回答。有北海的濠濮间、静心斋。香山的见心斋，颐和园的谐趣园。	看图联系生活实际回答问题。

续表

教学环节	教师活动	学生活动	设置意图
三、中国古典园林的空间布局10分钟	3. 障景、花窗的妙用 提问：在游园的时候，我们常常进门时看不到全景，为什么造园家这样安排？ 园林中有很多花窗，有什么妙用？	思考问题，明白障景的作用就是先抑后扬。 园林中的花窗既遮挡又透漏出部分景致，引起人们的好奇心理也扩大了空间意境。 花窗本身如字似画，美不胜收。	用一串问题启发学生。加深他们对空间的理解与感受。
	4. 借景 提问：什么是借景？借景有什么作用？	看书回答问题。看教师展示的图片，明白借景是中国园林常见的扩大空间的手法。	用问题启发思维
	展示三组图片，提问：请指出图中的园林景观用了哪些方法塑造空间？	学生观看图片，思考问题，讨论回答每一组图片所展示的园林景观分别用的借景、障景等手法。	用作联系的方式检查学生是否掌握前面所讲的内容，加深对园林空间手法的理解。
	5. 对比变化 展示两组图片，提问：观察图片，你能说出这两组园林景观有哪些巧妙的空间设计？	仔细观察画面，思考问题，相互交流讨论。 在教师引导下，分析园林中的空间设计的对比与变化。	问题启发思考。
	展示三组图片资料，请学生选择合适的建筑放在园林中合适的位置上，并说明理由。 教师展示正确图片进一步介绍园林的建筑是与空间环境协调统一的。 2—3分钟	学生到前台用鼠标完成任务。 PPT课件在编辑状态下使用鼠标拖动图片。	动脑动手实践活动增强兴趣，加深对园林空间建筑的理解。

续表

教学环节	教师活动	学生活动	设置意图
四、中国古典园林的诗词匾额8分钟	教师介绍著名的诗词匾额并提出思考问题，带领学生共同欣赏玩味： 1. 西湖的“风月无边” 2.“西湖天下景” 3. 与谁同坐轩 4. 沧浪亭 5. 梧竹幽居亭 6. 卷石山房 展示练习题： 1. 请把匾额对联与相应的园林建筑景观连线。 2. 回答这些匾额的含义 见山楼、留听阁、濠濮间等	在教师引导下，思考问题。感受诗词、匾额的重要作用是增加了园林文化的内涵，是景观的点睛之笔，升华了园林的意境，体现了园林的文学之美。	通过猜谜语，念对联，做练习强化对园林诗词、匾额作用的认识。
五、总结3分钟	教师总结：不到园林怎知春色如许？中国古典园林是无声的诗、立体的画、凝动的音乐、富有哲理的文章。中国古典园林是我们宝贵的文化遗产，是中国古典艺术的精髓之一。我们要不断提高自身的修养才能成为它的知音。 通过这节课的学习，你有什么体会和感想？你觉得应该怎样欣赏园林？	学生总结本课学习内容，谈谈自己的感受和体会。	通过总结加深印象，交流感想，从感官的直觉感受提升为抽象的理论思维。
六、布置课后作业2分钟	请利用课余时间到北海公园看一看。 1. 根据造园要素拍一组照片，记录下你喜欢的山、水、建筑与花木。 2. 抄录某一个建筑上的匾额对联并了解其中的意思。 3. 写一篇游园心得。 4. 画一幅你心中的园林。	明白要求，课后完成。	

续表

教学环节	教师活动	学生活动	设置意图
七、作业评价	作业反馈(略) 1. 问卷调查 中国古典园林的根本特征是什么？中国园林的四大造园要素是什么？中国园林的空间布局特点是什么？这节课你最喜欢的部分是哪一部分？你觉得这节课还存在哪些问题？ 问卷评价量规：A优秀(全答并正确)；B好(只答三题正确的)；C合格(答对两题)；D不合格(答对的少于两题)。 2. 作业评价 根据造园要素拍一组照片，记录下你喜欢的山、水、建筑与花木；抄录某一个建筑上的匾额对联并了解其中的意思；画一幅你心中的园林。 作业评价量规：A优秀(出色完成4项或3项)；B好(按要求完成2项)；C合格(按要求完成1项)；D不合格(没完成1项)。		

12.3 运用多种互动的形式组织教学。

音乐

【操作要点】

(1)提供设计音乐旋律发展的活动。

(2)提供设计音乐节奏接龙的互动形式。

(3)提供设计富有挑战性的音乐学习问题。

(3)指导学生有效创作、改编(音乐旋律、节奏、节拍、伴奏等)。

【举例说明】

在“为旋律编配伴奏”课例中，教师提供《小星星》主旋律，并示范编配旋律伴奏，使旋律变化发展，逐步引导学生用体验、模仿、合作、探究、创造等学习方式，最终使学生独立掌握并完成为主旋律编配伴奏的方法。

美术

【操作要点】

(1)引导学生进行合作性学习，组织学生在美术学习过程中积极与同学交流，对美术作品发表个人的独特见解。运用美术术语思考、讨论，在相互交流中加深对美术的理解，提高分析问题和表达思想的能力。

(2)在指导学生进行美术表现与创作的教学中，应该既注重发挥学生自己的个性、独创性，又应该引导学生善于汲取他人、集体的智慧，在相互学习、相互借鉴中取长补短，达到艺术能力的新提高。

(3)美术课程是一门注重体验和实践的学科，在美术教学过程中，教师应注重培养学生的美术实践能力，学生在美术实践的观察、构思、创意、造型、表现、设计和工艺制作中得到能力的提高。同时，要将鉴赏与体验、鉴赏与动手实践相互结合，能更有效地提高学生的美术鉴赏能力和修养。

标　准	结果指标
13. 培养良好的学习习惯与指导学生学会学习	13.1 能够根据学生的实际情况，逐步提出学习要求，指导学生获得自主、合作、探究的学习方式。 13.2 能够有效地指导学生形成良好的学习习惯和掌握学习策略。

13.1　能够根据学生的实际情况，逐步提出学习要求，指导学生获得自主、合作、探究的学习方式。

【操作要点】

以音乐学科为例，教师要根据学生的实际情况，更多采用以学为主的教学模式，引导学生自主、合作、探究学习。

(1)指导学生聆听、体验、模仿音乐。

(2)用多种学习方式与手段，指导学生自主创造，创编、改编音乐。

13.2　能够有效地指导学生形成良好的学习习惯和掌握学习策略。

音乐

【操作要点】

(1)了解学习策略的内涵、特征与种类。

(2)在教师设计与指导下，培养自主聆听音乐的习惯。

(3)重视音乐体验与实践创造活动。

美术

【操作要点】

(1)通过循序渐进的教学，形成学生有条理的学习习惯。循序渐进是按照教学内容的规律或教学步骤的顺序进行教学。

按照教学内容的规律进行教学，要体现教学内容的科学性。例如色彩教学，一般的规律是先讲色彩三原色、间色、复色，然后讲色彩三要素，之后讲色彩的搭配、色感等；按照教学步骤的顺序进行教学，要体现教学的条理性。例如美术鉴赏教学，可以从观看作品、读懂作品内容开始，然后分析作品的形式语言，再领会作品表达的思想感情等步骤进行。

(2)通过板块并列的方法进行教学，能够形成学生横向思维、提炼规律的学习习惯。

板块并列主要有内容板块、问题板块、操作板块等。学生可以从不同的板块分析探讨，找出需要的东西。例如中国民间美术的学习，学生可以分别从年画部分、剪纸部分、泥塑部分、织染部分等切入进行分析研究，最后都能使学生认识到民间美术源于生活、高于生活、用于生活的特征，达到了最终教学目标。

(3)学习策略和方法是多种多样的，要引导学生不要拘泥于某一种学习策略，应该综合运用，并要有所创新。下面仅以指导学生运用表格对比的学习方法为例，加深对知识的掌握和对问题的理解。

【举例说明】

中国古代雕塑的教学，为了便于学生了解中国古代三大雕塑类别的艺术特征，以及在不同朝代发生的变化，设计了以下表格进行对比：

	秦汉	隋唐	宋元	明清
宗教雕塑				
陵墓雕塑				
建筑雕塑				

标　准	结果指标
14. 开展多元的学习评价	14.1 能够指导学生进行自评。 14.2 针对学生学习过程中的思维和行为表现进行合理的评价。 14.3 能够采用合理的方法检测学生的学习效果。

14.1 能够指导学生进行自评。

音乐

【操作要点】

(1)指导学生认识并理解自评的意义与价值。

(2)引导帮助学生设计自评评价表。

美术

【操作要点】

(1)指导学生形成“立足过程，促进发展”的艺术学习评价理念。学生通过自我评价，不仅可以及时了解自己在艺术学习上达到的能力和水平，而且了解自己在原有的基础上提高了多少，明确以后努力的方向。

(2)运用美术学习档案袋的方式指导学生进行自我评价。美术学习档案袋是一种用来记录学生整个美术成长过程的资料夹，能帮助学生对自己的美术学习过程进行全面评价。内容可以是：对作品创作过程的说明；学生的系列作品，包括草图、成功的作品及不成功的作品；学生的自我反思，如对自己的学习历程与作品特征的描述、评价、改进的设想；教师、同学、家长的评价；学生搜集的各种资料等。

14.2 针对学生学习过程中的思维和行为表现进行合理的评价。

音乐

【操作要点】

(1)对学生学习过程中的思维和行为进行评价。

(2)能够运用量表、问卷调查、提问、讨论等方法，对学生在学习音乐中的情绪、情感、态度进行评价。

美术

【操作要点】

对学生美术学习过程的评价，包括学生的情绪体验、学习的愿望和能力、合作与交流、个性与情感以及创新意识和实践能力等诸多方面的指标。

(1)对学生分析问题、探究问题、解决问题能力的评价。主要评价学生能否积极主动地探究美术课程学习中的各种问题，以及综合运用所学知识分析、解决实际问题的能力。

(2)对学生学习行为等进行评价。

14.3 能够采用合理的方法检测学生的学习效果。

【操作要点】

可采取以下方法：

(1)聆听法；

(2)问答法；

(3)观察法；

(4)问卷法；

(5)测验法；

(6)竞赛法；

(7)表演法；

(8)创作与创造。

标　准	结果指标
15. 促进有效的课堂管理	15.1 能够根据班级实际状况，运用有效的方法组织教学，顺利完成教学任务。 15.2 根据反馈信息灵活调整教学内容和进程。

15.1 能够根据班级实际状况，运用有效的方法组织教学，顺利完成教学任务。

【操作要点】

(1)根据教学内容和班级的实际状况，采用课堂教学、活动课、课外活动等组织形式进行有效教学。

(2)能够有效组织小组学习和个别学习，特别是提出合理的小组学习任务和个别化学习任务，做好小组分工，提出学习要求。

(3)能够熟练使用多媒体教学手段，有效处理使用中出现的小问题。

(4)对学生的学习风格、个别差异有一定了解，能够运用多种不同的教学方法进行教学，使不同学生有机会运用自己的风格进行学习。

15.2 根据反馈信息灵活调整教学内容和进程。

【操作要点】

为使教学任务顺利完成，教师在教学中应主动获取反馈信息，及时整理教学内容和教学进程，实现对教学过程的有效调控，达到教学过程的最优化。

(1)注意观察学生的学习情绪和态度。

(2)利用课堂提问与学生交流等方式，了解教学的进程，及时调整教学计划和内容。

(3)采用检测、练习、作业等方式方法，了解学生的掌握知识的情况。

标　准	结果指标
16. 渗透思想品德教育与生活技能教育	16.1 能够深入领会思想品德教育与生活技能教育的知识和方法。 16.2 掌握渗透生活技能教育的方法。

16.1　能够深入领会思想品德教育与生活技能教育的知识和方法。

【操作要点】

(1)教师要深入领会思想品德教育的知识和方法。

思想品德结构是一个以世界观为核心，由心理、思想和行为三个子系统及其多种要素按一定的方式联结起来，具有稳定倾向的多维立体结构。思想品德教育的实质是将一定社会的思想道德转化为受教育者个体的思想道德。学生良好思想品德的培养是学校德育的重要目标，学校德育是中小学生形成良好思想品德的重要途径。

品德认识是学生对是非善恶的认识和评价以及在此基础上形成的品德观念，品德情感是学生对客观事物做是非、善恶判断时引起的内心体验；是学生产生品德行为的内在动力，品德意志是学生为实现一定的品德行为目的所做出的自觉而顽强的努力。是调节学生品德行为的精神力量。品德行为要通过实践或练习而形成的，教师在教学中要注重理论联系实际，注重知行统一，运用多种教学方式来实现思想品德教育的目标和任务。

艺术学科的重要功能就是美育功能，艺术学科教师要依据学科特点，通过艺术欣赏与实践，在艺术教学中渗透思想品德教育。要充分利用艺术课程的文化养分，将古今中外一切经典性的文化艺术遗产，自然地融入课堂教学，培养学生健康、高尚的艺术品位，艺术教育是学生思维和心灵健康发展的重要基础，在发展人的直觉、推理、想象、反思，以及自我表达和情感交流等方面，有着独特的作用。艺术课通过以鉴赏、表现、创造为主的实践活动，艺术净化心灵、陶冶情操、启迪智慧、情智互补的功能得以有效发挥，利于学生养成健康的审美情趣、积极乐观的生活态度和高尚的品德，以便能更完整和更深刻地理解社会与人生。

(2)教师要深入理解生活技能教育的概念、知识和方法。

一个人的心理社会能力，指一个人有效处理日常生活中各种需要和挑战的能力，是个体保持良好心态，并且在与他人、社会和环境的相互关系中，表现出适应和积极的行为能力。即自我认识能力可以了解自己；处理情绪缓解压力的能力可以调节情绪，缓解紧张和压力；有效的交流人际关系的能力可学会交流沟通，找到朋友，理解他人。决策解决问题的能力，可以学会选择和拒绝，保护自我；创造性思维批判性思维能力可以发挥创造力。

16.2 掌握渗透生活技能教育的方法。

【操作要点】

渗透生活技能教育的途径和方法有：

学科教学方式渗透，是指在学科教学活动中，以学科课程为载体，通过听讲、阅读、讨论、参与、体验、训练、实验等，渗透生活技能教育的方式。

专题教育方式渗透，是指以中小学开设的毒品教育、可持续发展教育、安全教育等专题教育内容为依托，渗透基本生活技能教育的方式。

班会、团队活动方式渗透，是指以班会、少先队和团员活动为载体，渗透生活技能教育，培养学生正确认识自己和他人，发展良好人际关系的方式。

竞赛方式渗透，是指通过各种竞赛活动，如学科知识竞赛、主题探究活动竞赛、创意活动竞赛、演讲活动竞赛、运动项目竞赛等，促进学生生活技能发展的方式。

社会实践方式渗透，是指通过利用社会资源和组织学生参加校外社会实践活动，培养学生生活技能的方式，如参观博物馆、名胜古迹和公园；参观打工子弟学校、敬老院等场所；参加冬令营、夏令营等活动。

国际交流方式渗透，是指通过跨国、跨境的校际交流、学生社团交流、学生访学交流等形式，促进学生生活技能发展的方式。

标　准	结果指标
17. 实施积极的安全教育与健康教育	17.1 关心学生的身体健康，鼓励学生积极锻炼身体。 17.2 了解有关学生心理健康的知识和方法。 17.3 主动地维护学生的人身安全，引导学生树立自我保护的意识，提升自我保护的能力。 17.4 对学生的人身安全负有责任感，遇有突发事件时救助学生。

17.1　关心学生的身体健康，鼓励学生积极锻炼身体。

【操作要点】

(1)教师要理解身体健康对于学生成长的意义。

(2)教师要关心学生的身体健康。

(3)教师要采取有效措施鼓励学生积极锻炼身体。

(4)教师要能够与学生一起参加体育活动、相互交流。

17.2　了解有关学生心理健康的知识和方法。

【操作要点】

(1)教师要深刻理解心理健康对于学生成长的意义。

(2)教师要掌握心理健康基本常识，关心关注学生的心理健康。

(3)教师要采取有效措施培养并鼓励学生改进自身心理健康状况。

(4)教师要能够经常与学生谈心、交流，组织活动促进学生心理健康。

(5)通过欣赏不同的艺术作品的风格、内涵、体验艺术作品的魅力，教师要培养学生的艺术情操，形成美的心灵，促进心理健康。

17.3　主动地维护学生的人身安全，引导学生树立自我保护的意识，提升自我保护的能力。

【操作要点】

(1)通过安全教育，教师要培养学生加强安全意识和树立自我保护意识。

(2)通过安全教育活动，教师要丰富学生自我保护的知识，教会学生具体的自我保护的方法。

(3)通过安全教育活动，教师要教给学生自我保护技能，确保每个同学具有自我保护的意识和能力。

(4)教师要定期组织突发事件的演习，培养教会学生遇到突发事件的自救能力。

17.4 对学生的人身安全负有责任感，遇有突发事件时救助学生。

【操作要点】

(1)教师要掌握保护学生安全的基本知识和方法。

(2)艺术教学中，教师要创造良好的教学物理环境，提醒学生的坐姿等，保护学生的视力、体形、嗓子，促进学生身体健康。

(3)在校园内外，教师要保护学生的人身安全。如果担任班主任，就要承担更多的管理责任。

(4)教师要关爱学生生命安全，遇到突发事件时勇于救助学生。

领域四　教育教学研究与专业发展

标　准	结果指标
18. 教育教学反思与行动研究	18.1 变经验性教学为反思性教学，提升教学实践合理性。 18.2 能够根据专题，进行初步研究。 18.3 尝试使用观察法、调查法、文献法、案例法、叙事研究和经验总结法。 18.4 了解研究成果的表现方法。

18.1 变经验性教学为反思性教学，提升教学实践合理性。

【操作要点】

(1)借助教学反思和行动研究不断地探究与解决在教学过程中遇到的问题，把自己“学会教学”与学生“学会学习”整合起来，提升教学实践的合理性。

(2)变经验性教学为以教学反思为中心环节的反思性教学，加快向成熟教师过渡。

18.2 能够根据专题，进行初步研究。

【操作要点】

(1)确立课题即确立问题，即确立在教育教学活动中要认识和解决的问题。

(2)确立的课题一般包括有关意义、作用、功能、性质、特点、类型、关系、归因与规律、原则、方法、途径、环节、步骤、层次、要求(内容)等16个方面。

(3)确立的课题不仅有明确的名称，还应包括研究对象、研究范围、研究内容和方法四要素，研究的目的和意义等内容。

(4)课题实施的基本方法包括历史研究方法(文献法)、比较研究方法(同类、异类比较，纵向、横向比较)、实验研究方法(真实验、准实验等)、实证研究方法(具体包括观察、问卷、访谈、测量等方法)、定量研究和定性研究方法。

18.3 尝试使用观察法、调查法、文献法、案例法、叙事研究和经验总结法。

【操作要点】

案例，是指对实际情境的描述，在这个情境中包含一个或多个引人入胜的问题，同时也含有解决这些问题的方法。

案例形成包括以下基本步骤：

(1)前期准备。研究者洞察中小学教学中存在的普遍问题，进行有关的调查，搜集详尽的材料。

(2)确定主题。每个案例都要突出一个鲜明的主题，它常与教学改革的核心理念、常见的疑难问题和困惑的事件相关。确定主题要注意典型性和时代感。

(3)情境描述。案例源于教学实践，但不是课堂实录，它应以引人入胜的方式展开，有相对完整的情节和一些戏剧性的冲突，以反映事件发生的时空特征，揭示教学工作的复杂性和师生的情感、动机和价值观等方面的变化。有时为了突出主题，提示讨论的焦点，可以对“原形”适当的调整与修改，但不能杜撰。

18.4 了解研究成果的表现方法。

【操作要点】

了解研究成果的类型：科研论文、教材教法、课件制作、理论专著。科研论文的写作包括课题研究报告、学术论文和调查报告等的写法。课题研究报告、学术论文和调查报告等的撰写具有严格的格式体例，教师要学习和了解这类文章的撰写方法，提高文字呈现能力的科学性、规范性、逻辑性和学术性。

【举例说明】

调查报告的撰写程序如下：

(1)问题的提出(目的意义)。

(2)方法步骤：调查对象、调查时间、调查方法、调查内容。

(3)结果与分析(现状特征、原因分析)。

(4)讨论与建议。

标　准	结果指标
19. 团结协作与经验分享	19.1 能够把个人发展目标与学校发展目标相结合。 19.2 善于发现和学习他人的优点，能够换位思考，主动提供自己的经验。 19.3 具有通过合作解决问题的意识。

19.1 能够把个人发展目标与学校发展目标相结合。

【操作要点】

(1)了解学校的办学思想、目标、文化和特色，考虑艺术学科在其中可以发挥的作用。

(2)结合本职工作，制订相应的行动计划，并付诸实施，为实现本校的办学愿景做出贡献。

19.2 善于发现和学习他人的优点，能够换位思考，主动提供自己的经验。

【操作要点】

(1)组织或积极参加学校关于教师经验分享的活动，在其中扮演一定角色。

(2)发现同事有益的经验和教学创新点，并依此提出交流和讨论的话题。

19.3 具有通过合作解决问题的意识。

【操作要点】

形成合作解决问题的意识。在合作中，明确不同工作职责，以及合作中相互配合的内容，完成好自己承担的部分。

标 准	结果指标
20. 终身学习与持续发展	20.1 保持学习和反思的习惯。 20.2 对发现的教学问题进行探索和研究。 20.3 积极参加校本研修活动及各级各类教师培训。 20.4 在日常教学实践中提升自己的专业素养。

20.1 保持学习和反思的习惯。

【操作要点】

(1)依据舒尔曼提出的"教师专业知识分析框架"，通过学习，进行专业知识建构。

"教师专业知识分析框架"包括：①学科知识；②一般教学知识；③课程知识；④学科教学知识(PCK)；⑤学习者及其特点的知识；⑥教育情境知识；⑦关于教育的目标、目的和价值以及它们的哲学和历史背景的知识，并有意识地检验自己的知识水平。

(2)利用计算机网络和期刊等多种途径，了解学科教学和教研的国内外动态，对自己的知识进行动态管理和优化，使之具有开放性的特点。

(3)保持学习和反思的习惯，在反思性教学诊断中学习和进一步把握教学反思评价方法(例如"2+2"反思评价法)和教学行动研究方法。

【举例说明】 "2+2"反思评价

(1)做法

公开课之后，课堂观摩者提出2句称赞和2个建议。

(2)基本假设

教师的课堂察觉与分析能力发展与其课堂教学能力发展成正比。

(3)目的

使教师的课堂察觉与分析能力的发展可视化。

(4)理论观点

① 在试验与错误中学习更具有价值。教师教学认知活动贯穿于教学活动的始终。在这个过程中，每个人的已有经验背景都不同，看问题的切入点都不同，每个人的认识都有盲点，需要通过交流、反思、学习、研究，提高认知水平。

② 每个人既是教授者也是学习者。在学习型组织中，每个人既是教授者也是学习者。教师的创造才能和指导作用，在处理教育活动的情境中得到发挥，同时，也接受一系列挑战。例如当学生精神不振时，你能否使他振作？你能否从学生的眼睛里读出愿望？你能否用不同的语言方式让学生感受关注？你能否使学生在课堂上学会合作，感受和谐和欢愉、发现的惊喜？当教师在课堂中体会成功与创造，教师的内在积极性就能被激发了。

③ 以一种平衡的方式表达对别人工作价值的关注。满足教师的归属感是激发其创造热情的基础。实际上每个人都期待获得称赞和建议。2+2 模式以一种平衡的方式表达对别人工作价值的关注，既有称赞又有建议。

④ 平级间的反馈可能比来自上级的反馈更有效。在传统的教师培训和教研中，总是青年教师向资深教师学习，一般教师向优秀教师学习，这种学习使教师有一定收获。但是经常出现单向输入，没有批判性的接受并模仿的情形。学习者更多的感受是“人家做得确实很好，但是我这里的条件不具备，我只能羡慕却不能做到”。而且当出现这种想法时，教师一般会原谅自己：“我是个新手，经验不足”“我不是优秀教师”。

(5)优点

在耳熟能详的教学情境中发现与挖掘身边的教师的“闪光点”，把这些“散落的珍珠”捡起来、穿成串，能够使教师的学习更为有效。不戴着学习与观摩的“眼镜”去观察普通教师的课堂，有利于观察者以审视的眼光，不同的视角提出新的见解，观察更为细致，思维更加深刻、开放，这是领导检查性听课和优秀教师观摩课所不能比拟的。这不仅能够产生使观察者“照镜子”的作用，而且有利于改变教师的学习方式和思维定式。

资源有限时，教师可以通过向彼此提出或接受建议而得以提高；更多的教师互访并提供建议，将为提高教学质量提供有用信息。

20.2 对发现的教学问题进行探索和研究。

【操作要点】

(1)明确与聚焦问题。

(2)分解问题、分解到自己“有感觉”的程度。中小学教师最宝贵的财富是实践经验与体会，要扬长避短，避免研究大而空的问题。

(3)交流，思想碰撞——综合，分析——进一步研究。

20.3 积极参加校本研修活动及各级各类教师培训。

【操作要点】

根据自己的需要，有目的地参加各种形式的学习和进修。

20.4 在日常教学实践中提升自己的专业素养。

【操作要点】

(1)在日常教学实践中提升自己的专业素养，不断地建构开放的动态发展的知识与能力结构。

(2)开放性知识结构是指掌握具有自我更新价值的、能够为进一步学习铺设道路的、在学科发展中具有认识飞跃地位的那些主干知识和自学方法。能够利用各种信息、资料学习与补充新知识，并能够把吸收的新知识纳入原有的知识结构，以改善原结构，增加其吸收新知识的能力。

(3)动态发展的知识结构是指具有准确察觉与判断教育功能对教师知识结构变化的新要求的能力，能够主动、恰当、及时地提出知识结构调整的方向和限度。

三、从成熟到卓越

维度一　专业基础

领域一　健全人格与职业道德

标　准	结果指标
1. 爱岗敬业，履职尽责	1.1 挚爱教育事业，全身心致力于学生的学习和发展。 1.2 自觉遵守教育法律法规，自觉贯彻执行教育方针政策。 1.3 履行教师职责，具有高度的责任感和奉献精神。 1.4 有强烈的事业心和崇高的教育理想与抱负。

1.1　挚爱教育事业，全身心致力于学生的学习和发展。

【内容要点】

(1)充分体验到教师的工作是神圣的，也是艰苦的。

(2)以强烈的使命感为基础，在教书育人的过程中付出时间、精力、感情乃至全部心血。

(3)甘于寂寞，甘于辛苦，受得住挫折，全身心地投入教育教学实践中去，正如著名教育家陶行知所说的“捧着一颗心来，不带半根草去”。

1.2　自觉遵守教育法律法规，自觉贯彻执行教育方针政策。

(1)走向卓越的教师要成为执行教育法律法规的楷模。

(2)走向卓越的教师必须要将教育法律法规视为自己行为的准则，模范遵守执行教育法律法规。

(3)走向卓越的教师必须自觉贯彻教育方针政策。

1.3　履行教师职责，具有高度的责任感和奉献精神。

【内容要点】

(1)教师在传授知识的同时，更要重视学生行为习惯的养成。教师在学生心目中，是智慧的代表，是高尚人格的化身，教师的一言一行，一举一动，都对他们精神世界起着无声无息的作用。

(2)教师是一种要付出爱心和全身心投入的职业。教师在这份爱的召唤之下，把本职工作当成一项事业来热爱和完成，从点点滴滴中寻找乐趣；努力做好每一件事、认真善待每一个人，全心全意地工作。

1.4 有强烈的事业心和崇高的教育理想与抱负。

【内容要点】

走向卓越的教师要有远大的教育理想，为教育事业奋斗终生。

标　准	结果指标
2. 关爱学生，教书育人	2.1 热爱并关注每一位学生，平等公正地对待每一位学生。 2.2 培养学生的健全人格，引导学生树立正确的人生观和价值观，能以行为诠释价值，成为学生健康成长的导师。 2.3 着眼于学生的素质提升、潜能发挥与可持续发展。

2.1 热爱并关注每一位学生，平等公正地对待每一位学生。

【内容要点】

教师要无差别地热爱每一个学生，是教师从成熟到卓越阶段，需要认真体悟的问题。对学生的热爱正是基于此。教师热爱并关注每一个学生，意味着要更多地关注那些学习成绩不佳、学习行为习惯较差的学生。让他们深切感受到来自老师的关爱。

教师要做到：

(1)不以自己的好恶来判断学生；

(2)不以世俗的观点来评价学生；

(3)不以学生的错误来迁就学生。

师生交往中教师要做到宽严相济，展现良好的道德示范，给学生留下公正的印象，成为学生道德发展的楷模，进而对学生的精神成长和人格完善产生潜移默化的影响。

2.2 培养学生的健全人格，引导学生树立正确的人生观和价值观，能以行为诠释价值，成为学生健康成长的导师。

【内容要点】

教师要在日常交往和教育中，帮助学生建立正确的是非观念，树立正确的人生理想，让他们在理想的天空下飞得更高、更远。

2.3 着眼于学生的素质提升、潜能发挥与可持续发展。

【内容要点】

教育的出发点不只是考虑学生升学的需要，更多地要考虑学生可持续发展的需要，为学生未来的发展奠定必要的素质基础，特别是艺术修养基础。

标　准	结果指标
3. 为人师表，严谨治学	3.1 遵纪守法，作风正派，公正廉洁，以身作则。 3.2 具有对教育问题的宏观把握和批判性思维，问题意识与创新意识强，努力探索教育教学规律。

3.1 遵纪守法，作风正派，公正廉洁，以身作则。

【内容要点】

自身修养达到较高境界，为人处世能“从心所欲又不逾矩”；人格魅力得以凸显，并具有较强的感染力，对学生、学校同仁、甚至社会大众都具有无声的榜样示范作用。自我价值与社会理想统一实现。

3.2 具有对教育问题的宏观把握和批判性思维，问题意识与创新意识强，努力探索教育教学规律。

【内容要点】

专业素养达到很高境界，具有较强的教育科研能力和教育科研的领导力。学习研究不仅成为内在的生命需要，而且成为不可缺失的生活内容。在实践中，能将教育科研工作与教育教学工作有机协调，能使二者相得益彰；并已形成独特的、具有示范性的教育教学风格，通过长期的总结反思、探索研究，已提炼出富于个人特色的教育教学思想主张，在特定专业领域已赢得了广泛的认可。

标　准	结果指标
4. 热爱生活，身心健康	4.1 关爱自己的身体，保持身体健康，合理分配精力。 4.2 具有积极向上的态度，强烈感染学生和周围的人。 4.3 从容、恰当地对待困难和挫折，善于自我调节。 4.4 具有高尚的情操和审美情趣。

4.1　关爱自己的身体，保持身体健康，合理分配精力。

【内容要点】

这个阶段的教师是学校教学工作中的中流砥柱，身体健康尤为重要，它不仅会影响到个人正常的工作和生活，而且还会影响到整个单位的教学工作，所以，应该引起个人和学校的共同关注，采取安排合理的工作计划、定期体检、课间操、健康讲座等措施增进教师的身体健康。

(1)深刻理解健康对生活和工作的意义以及锻炼对健康的价值。

(2)关爱自己的身体，保证营养均衡，养成定时锻炼和定期体检的习惯。

(3)保持合理的体重和身体健康，能够合理分配精力。

4.2　具有积极向上的态度，强烈感染学生和周围的人。

【内容要点】

这个阶段的教师更需要一种宽容豁达的心态，淡泊名利，让自己愉悦地工作和快乐地生活，这是保持健康心态的重要方法；宽容豁达是一种高尚的品德，是一种深厚的涵养，也是一种善待生活、善待别人的境界，能陶冶人的情操，能帮助教师更好地为学生、为同事做出表率，引导他人乐享生活。高尚的道德情操和审美情趣是一种高贵的品质，这种品质的形成离不开个人对兴趣和爱好的追求，离不开个人对生活中美好事物的热爱；这种品质不仅可以愉悦自己，也可以感染他人，是成功人士的一种重要标志。

(1)深刻理解个人与他人、个人与集体、个人与社会以及个人与工作和生活的关系，常怀自律之心、感恩之心、奉献之心和平常之心。

(2)对未来充满希望，对自己充满信心，对他人充满同情与感恩，对教育事业无限忠诚。

(3)具有仁慈之心，豁达之胸，自主意识强，不断提升自己的生活境界。

4.3 从容、恰当地对待困难和挫折，善于自我调节。

【内容要点】

这个阶段的教师，除了要端正面对困难和挫折的态度之外，更重要的是要有自我调节的能力，从容应对，善于寻找各种办法创造性的解决问题，化挫折为动力、变不利为有利。

(1)具有笑对困难和挫折的人生态度：深刻理解克服困难、经历挫折，可以培养人的意志、勇气，锻炼人的能力。

(2)沉着冷静对待困难：迅速找出困难存在的主客观原因，厘清解决困难的思路，并能够创造性地解决问题。

(3)坚定信念勇往直前：面对挫折，积极解决；朝着既定目标，不懈努力；同时，具有科学的艺术的调节方法，以缓解工作和生活的压力。

4.4 具有高尚的情操和审美情趣。

【内容要点】

这个阶段的教师要具有高尚的情操和审美情趣。

(1)深刻认识生活情趣的含义，有效辨别低俗与高雅生活情趣；真正理解高尚的生活情趣对身心的调节和对工作促进的价值。

(2)全面认识审美情趣的含义，明确审美、护美、创美的区别；理解对自然美、社会美和艺术美的欣赏在公民素质中的地位和价值。

(3)长期坚持至少一种有益身心健康的兴趣爱好，并形成一定的特长。

领域二 学科知识与教育教学知识

标 准	结果指标
5. 关于学科的知识	5.1 具有统领性、深刻性、融通性的艺术学科知识，能够把握艺术学科体系。 5.2 在丰富的艺术学科实践经历中，形成动态发展的学科知识结构和解决实际问题的能力。 5.3 具有多学科知识并能很好地融通起来。

5.1 具有统领性、深刻性、融通性的艺术学科知识，能够把握艺术学科体系。

【内容要点】

(1)统领性。从成熟走向卓越的教师，要熟练掌握音乐学科的知识体系及层级知识结构(见68页音乐学科知识层级结构示意图)和学科知识层级结构(见11页图1-1),不仅清晰音乐学科的理念和特有的方法,而且善于理解运用音乐学科的主题内容(①音乐的形态;②音乐的演变;③音乐的接受;④音乐的创作与表演等)及音乐核心概念(①节奏;②旋律;③和声;④结构;⑤曲式;⑥体裁等)解决音乐学科的专业及教学问题。理解音乐学科知识与其他艺术学科知识的关系和表现。

(2)深刻性。从成熟走向卓越的教师,不仅对音乐学科的本质、课程理念、课程价值、课程性质有着深刻的认识,而且有杰出的表演技能(演唱、演奏、指挥)、音乐修养(音乐理论、历史知识)和广博的学科视野,能够宏观把握本学科的知识体系及相关知识背景,并能够熟练地在教学中运用。

(3)融通性。从成熟走向卓越的教师,要善于融通音乐与艺术与自然科学及社会科学之间、学科与教育之间、学科与现代社会、生活之间的关系,并用于日常教学研究中,以解决学科问题和现实问题。

5.2 在丰富的艺术学科实践经历中,形成动态发展的学科知识结构和解决实际问题的能力。

【内容要点】

教师不仅要清楚、准确地把握所教学段的学科知识体系,还需要全面系统地把握全学段(小学、初中、高中、大学)的学科知识体系。能够在艺术教学实践和学习中,动态调整学科所需的知识结构,使之更加丰富全面。只有这样,教师才能客观系统地审视和灵活准确地处理教学内容,才能站在教学内容之上思考教学内容以怎样的方式进行组织与呈现,才容易被学生理解和接受。

5.3 具有多学科知识并能很好地融通起来。

【内容要点】

(1)教师应能够理解任教学科和其他学科之间的关系。知道学科之间的联系会丰富和加强学生的学习。认识多种艺术学科的人文性、综合性。不仅仅是某一门艺术学科的知识、创作技能、文化背景、风格流派等内容的综合,还是音乐、美术、戏剧、舞蹈、影视等多种艺术学科的综合,以及艺术学科与其他学科的综合。

(2)教师应能够理解多种艺术学科的必备的知识、概念、技能及过程，寻求多种艺术学科综合性的方法；了解历史上的技术对艺术的影响，了解技术对传统和当代艺术媒体的冲击，知道新的和正在出现的媒体，能把艺术作品延伸到多维；知道艺术作品在内容、创作由来及变化的情境中的复杂性；了解艺术研究能使人们更好地理解人类经验。

(3)在教学实施中，教师融会贯通多学科知识应以本学科为教学主线，通过具体的教学构建起与其他艺术门类及其他学科的有机联系。学科综合不应流于形式，应通过综合及在综合过程中对不同艺术门类表现形式的比较，在拓展学生艺术视野的同时，深化学生对艺术的理解。

【举例说明】

鉴赏科学美

科学美的一个主要特点是和谐，和谐的秩序、和谐的比例、和谐的节奏等，和谐是鉴赏科学美的着眼点。在鉴赏科学美中，需要掌握艺术的语言与审美法则(例如对比、重复、比例、均衡、节奏韵律、变化统一等)。科学美的美育价值，还在于促进学生逻辑思维与形象思维能力的提高。人的直觉、推理、想象、平衡等多种思维方式在科学美的审美中得到和谐发展。

李政道先生从正负电子对撞机粒子对撞揭示的物质存在的情景构想了关于物质微观世界的雕塑——《物之道》；吴冠中先生从最新发表的蛋白基因结构所揭示的生命存在图景构想了生命微观世界的雕塑——《生之欲》。这两个领域是我们人类迄今为止探索宇宙奥秘的最高境界。

科学揭示出的存在最高境域就是诗意的存在。从宏观世界的天体结构之至大无极到微观世界的细胞、基因、粒子、夸克等形态结构的至小无内，处处存在着无言的大美。

标　准	结果指标
6. 关于学生的知识	6.1 掌握教育心理学的基本内容，把握不同流派的学习心理学对艺术学科教学的影响，能够根据具体教学内容确定切实有效的教学策略。 6.2 掌握关于学生发展的知识，具有丰富的、符合学生认知能力发展规律的策略性知识。

6.1 掌握教育心理学的基本内容，把握不同流派的学习心理学对艺术学科教学的影响，能够根据具体教学内容确定切实有效的教学策略。

【内容要点】

(1)综合性艺术学习的教育心理。

人的生命是一个整体，综合性艺术教育有利于人类感官在互补整合、综合发展中提高人的心理的整合发展。

我国教育家赵宋光先生从人类四大高级感觉器官的发展与建构人类本质的角度，提出人类感官综合运用形成人的心理结构，阐述了综合性艺术教育的意义。赵宋光先生认为："人才素质的培养，艺术能力的培养，要靠四大器官综合运用所形成的心理结构。听觉器官与视觉器官是接受信息的感觉器官，形体(体态活动)器官与言语器官是输出信息的运动器官，相辅而相成。从进化阶梯来衡量，这四大器官是人类进化程度最高的器官。四者在每个人身上都具有建造人类本质、获得高度发展的潜在可能性。完美人格的建造要靠这四种器官作为可控的建筑材料。但这种可能性的实现要靠综合运用。唯有通过教育过程，使四者立体镶嵌、互补整合，方能使人类水平的认知、情感、意志在中枢神经系统部位获得高度发展。"

(2)多元智能理论对艺术教育的影响。

在20世纪心理学、生理学发展的基础上，美国哈佛大学零点研究中心的心理学教授加德纳，对大脑的多元功能和不同区域的特殊认识能力进行了独到的研究，提出了多元智能的理论。按照这一理论，人具备语言智能、数学逻辑智能、空间智能、音乐智能、身体动感智能、人际关系智能、自我认识智能和环境协调的智能。每一个人都不同程度地具有以上八种智能，只不过有的人把一种或多种智能发展到高线水平，另外的人把其他智能发挥到高线水平。

加德纳的重大发现对传统教育产生重大冲击，使教育把注意的焦点指向艺术教育，因为越来越多的人开始发现，在传统教育中除语言智能、数学逻辑智能，其余六种智能均可以在艺术教育中得到开发和锻炼，这意味着教育改革的一个突破点，应该发生在艺术教育领域。

(3)格式塔心理学的艺术教育观点。

格式塔心理学家考夫卡在《心智的成长》专著中，以例证的方式证明学习是一种整体行为(完形)。因而格式塔艺术心理学认为，艺术教育所培养的是具有审美人格、全面与和谐发展的人，而这种人的感知、想象、情感、理解等诸种心理能力，应自始至终处于一种自由和谐的整体发展状态。

(4)在发生认识论指导下的艺术教学。

儿童心理学家皮亚杰，提出的“发生认识论”强调知识与各种不同思维水平之间的互动关系。在艺术教学中运用“知识与各种思维活动互动”的观点，有益于调动学生学习的积极性、主动性。艺术教师要鼓励学生运用所学知识，对种种艺术现象和观点，做出积极的思考和推断，分析艺术品的意义，探究形成艺术品的背景，主动提出问题和解决问题，积极参与艺术创作和反思活动，进而提高学生的创造性思维能力。

6.2　掌握关于学生发展的知识，具有丰富的、符合学生认知能力发展规律的策略性知识。

【内容要点】

教师应能够具备广泛的教学策略知识和选择教学策略的能力，所选教学策略要符合学生身心发展特点，符合学生的学习规律。教师要善于运用听觉、视觉、动觉的策略，调动学生参与有意义的音乐学习过程，并指导学生关注和从事相关音乐知识的学习。

标　准	结果指标
7. 关于课程的知识	7.1 深谙课程改革的基本理念和艺术学科课程在学生发展中的意义。 7.2 具有丰富的艺术学科课程设计、课程实施、课程资源、课程评价等方面的知识。

7.1　深谙课程改革的基本理念和艺术学科课程在学生发展中的意义。

【内容要点】

以音乐学科为例，教师应能够深谙课程改革的基本理念，并能把这种理念运用到音乐教学的实践中，在教学中不断地反思教学实践活动，拓宽知识，提高各种能力，并根据各种新发现、新思想、新理论，与时俱进地调整音乐教学。在教学中深刻理解、自觉贯彻所任音乐学科课程标准，落实课程改革的基本理念，理解本课程在学生发展中的意义，深入思考课程基本理念、课程设计思路、课程目标、课程内容、实施建议等关键点。通读本学科不同学段的课程标准，力求站在促进学生全面发展的高度来审视自己所任教学段的课程。

(1)能够在把握所任课程的目标、内容、课程组织、课程评价方面有着深刻的认识与理解，并能够把这些认识与理解转化成关于教学的知识。

(2)能够把课程视为一种经过周密计划的，引导学生发展技能和知识的有序的学习经验，而不是调动学生参与的系列活动的堆积。

(3)能够从理论上认识与阐释课程改革的理论和方法。

7.2　具有丰富的艺术学科课程设计、课程实施、课程资源、课程评价等方面的知识。

【内容要点】

由于长期实践积累，教师能够较好地把握艺术学科的课程设计、课程实施、课程资源、课程评价等方面的知识；理解艺术课程在国家课程中的地位和作用，深谙课程的理念、课程性质和课程目标，积极与同行合作，有效地进行课程的开发与实施；还应多角度、多方位、多领域地进行课程评价。

(1)能够整体和系统地把握课程的性质、目标、内容和评价等知识，并能够将理论、知识转变成为教学实践。

(2)能够按照所任艺术学科课程标准的要求开发校本课程。

(3)能够制定系统、有层次和多维的课程目标。

(4)贯彻课标的基本理念，关注教学方式及学生学习方式的转变，能够通过有效课堂互动方式体现学生的主体地位，保障学生主动参与、体验各种活动。

(5)能够合理开发和利用除了教材以外的多种课程资源，如教学环境的创设、学生资源、教师资源和家长资源等。

(6)在课程评价方面能够做到评价主体多元化，评价形式和内容多样化，评价目标多维化。

【举例说明】

在有些农村或比较偏远的经济不发达地区，教学资源较为匮乏，这就需要教师开启智慧的闸门，把眼光放到大自然之中，开发利用许多当地的自然资源上课。例如，利用树叶的颜色，指导学生按照色相的一定顺序排列，就是学习原色间色关系的自然生动的资源，并在学习知识的同时，启发孩子对自然美的发现和热爱。

山里孩子的色彩知识课

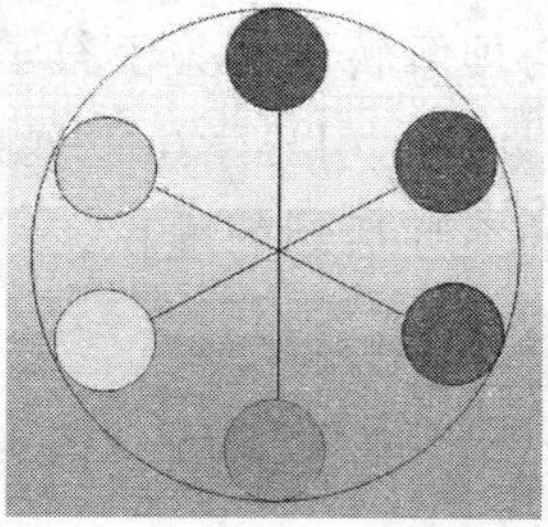

让山里的学生用生活中的色彩来学习抽象的专业知识

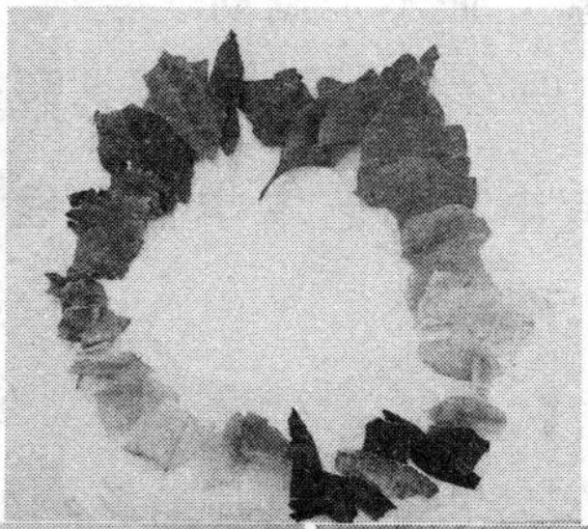

山里孩子的国画课

学生能够通过家乡亘古不变的大山、小河、和杏花掩映的小村庄，来理解山水画追求的意境，并能够重新认识自己住的小村庄的美

我们的小村入画了

标　准	结果指标
8. 关于教学的知识及学科教学知识	8.1 具有较高的教育理论素养。 8.2 基于教学内容和学生情况，形成促进学生理解性学习的多元教学策略知识。 8.3 体现独特思想和风格的丰富的教学艺术（策略）知识，积累了丰富的教学案例知识，并在同行中发挥示范作用。

8.1 具有较高的教育理论素养。

【内容要点】

(1)具备教育学、心理学、新课程理论、教师道德及法律规范等方面的知识，注重阅读重要的教育理论著作，提升理性思考能力。

(2)熟练掌握艺术学科的教学理论、流派及方法，如多元智能理论、瑞吉欧教学法等。

(3)能够在教学设计、教学研究中自觉地运用教育理论和相关的概念、原理。

8.2 基于教学内容和学生情况，形成促进学生理解性学习的多元教学策略知识。

【内容要点】

能够运用多种教学策略帮助学生形成对艺术的理解，特别是对艺术形式和内容的深入理解。注意组织学生自主、合作、探究学习。

(1)引导学生自主性学习。自主性学习是尊重学生的个性发展，发挥学生主观能动性的学习方式。它倡导尊重学生的自主性，这就意味着要满足学生在学习内容、时间、地点和形式上的自由选择。良好的自主性学习可让学生在艺术学习活动中激发动机、形成艺术需要，进而产生内驱力，使学生越学越愿学。可让学生在轻松自在的活动中获得成功体验、积累、升华认识，形成艺术自主意识与良好的学习习惯，使学生越来越会学。

(2)组织学生合作性学习。合作性学习是学生形成良好人际交往能力和相互尊重习惯的学习方式。合作学习能提升学生的学习成就、学习动机、人际交往能力，并为学生的可持续发展打下基础。在合作学习的过程中，随着学生之间不同程度的交往和互相配合、互相帮助，集体的荣誉感、责任感意识，以及与他人的交际能力、合作能力、平等意识都会潜移默化地得到增强。

(3)鼓励学生探究性学习。"探究性学习"也称为"研究性学习"，它有广义和狭义的两种理解。从广义上理解，它泛指学生探究问题的学习。而狭义的理解，是指学生在教师指导下，从学科领域或现实社会生活中选择和确定研究主题，在教学中创设一种类似于学术(或科学)研究的情境，通过学生发现问题、试验、操作、调查、信息搜集与处理、表达与交流等探索活动，获得知识、技能、情感与态度的发展的一种学习方式。探究性学习的实施过程特别强调“体验”的过程，特别关注学生的情感体验和积累，其目的在于通过实践体验，在改变学生的心理态度、价值观和生活方式这些“人的发展最深层的指标”上有所长进。

8.3 体现独特思想和风格的丰富的教学艺术(策略)知识，积累了丰富的教学案例知识，并在同行中发挥示范作用。

【内容要点】

(1)具有一定独特性的学生观、教材观、教法观、评价观。

(2)具有教学艺术，能够不断积累、总结成功的教学经验，提炼教学思想，形成自己的教学风格。

(3)在长期教学实践中积累了大量成功的教学案例，能够指导同行的工作。

【举例说明】

北京市陈经纶中学王帅老师执教的《摇篮曲》是一节合唱课。大多数教师对于合唱课堂教学，存在着技术及方法上的困惑。而本课执教教师，在本节课中训练的是四声部合唱，进行了有效的发声练习、声部训练、听觉记忆等训练，同时教师还系统的循序渐进地培养学生指挥。教学过程如下：

(教学前期分析略)

一、发声练习

(一)歌唱前的律动练习

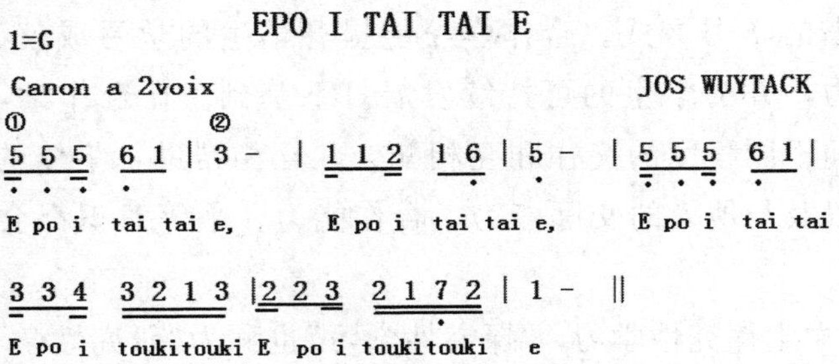

教学目的：

1. 培养学生的乐感，让学生尽快地进入歌唱状态。

2. 放松身体的肌肉及的关节，为歌唱做好准备。

3. 为歌唱时的律动做准备练习。

(二)U音、E音的声音爬山练习

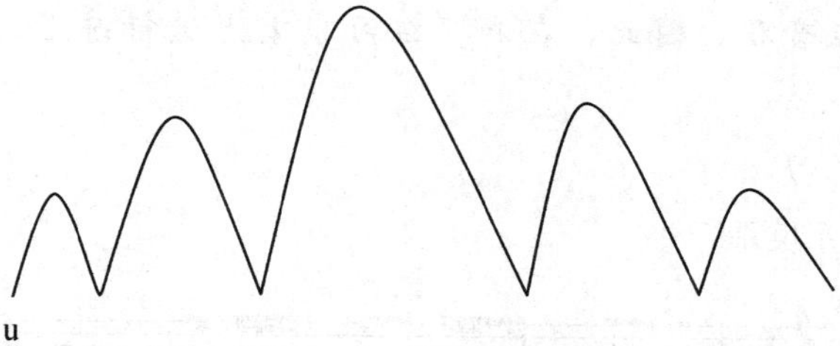

练习目的：

1. 让学生在一种轻松自由的练习中磨合高音区的换声点，从而练习声区的统一。

2. 结合《摇篮曲》的歌词，还可以把U母音变成E母音来练习，解决歌唱时咬字以及中高声区转换的难点。

(三)和弦练习

1. 三和弦的练习

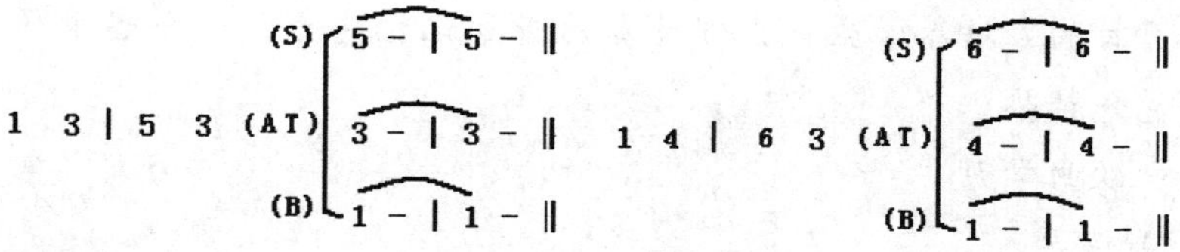

2. 七和弦的练习

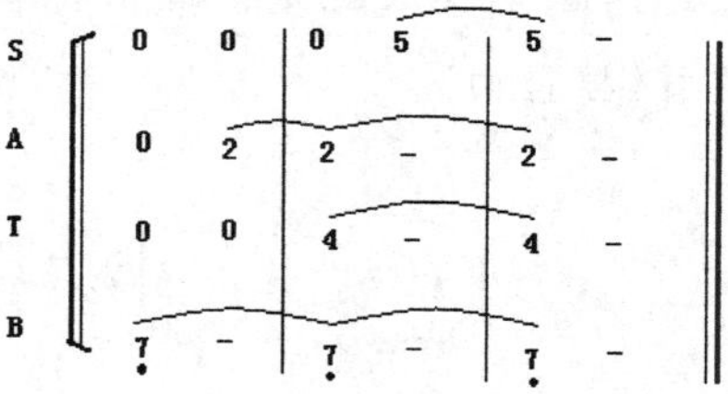

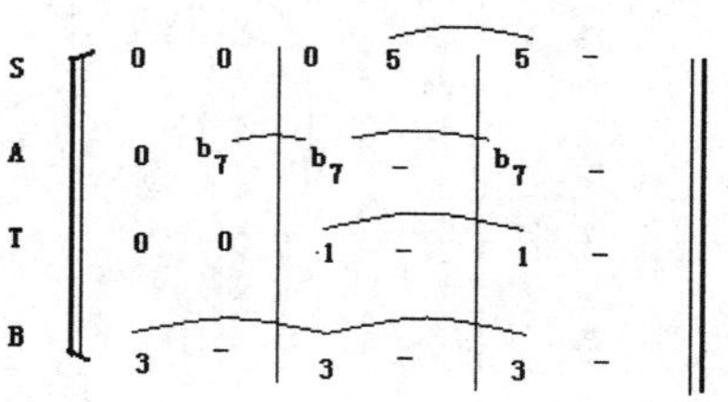

练习目的：

以上三和弦、七和弦的音程，都是从本课教材《摇篮曲》中提炼出来的，在本课中是难点音程，因此，在和声练习中重点进行练习，解决歌唱时的重难点。

（四）节奏练习

1. 单节奏听模练习

练习目的：培养学生的节奏感觉能力与记忆能力，练习时要注意提示学生注意节奏的平稳。

2. 多声部节奏听模练习

练习目的：培养学生多声部节奏的听觉记忆能力，为合唱中学生的多声部听觉作铺垫。

二、歌曲学习

1. 新课导入

音乐史上有一件趣事，那就是两首脍炙人口的摇篮曲，居然同时出自两位单身汉的手笔——这两位单身汉就是：舒伯特和勃拉姆斯。今天我们就来学习勃拉姆斯的这首《摇篮曲》。

2. 教授新课

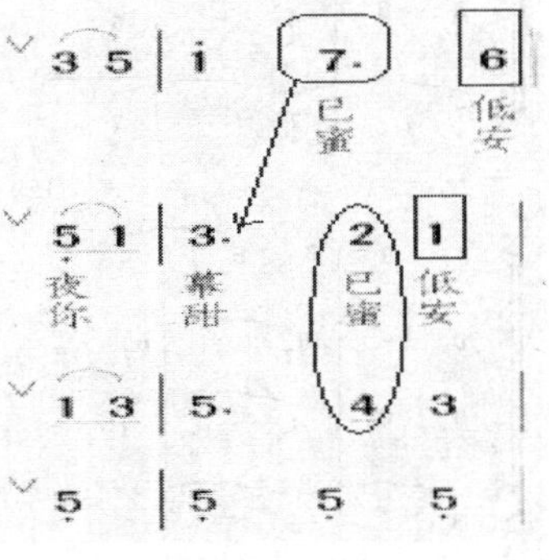

图 1

今天我们的视唱练习，老师想这样进行：把四声部的旋律两两分成S，A；A，T和T，B三组进行视唱，在视唱时请各声部同学们分别要注意本声部横向的旋律线条，还要注意倾听另外一个声部的旋律走向，首先，请S，A两个女声声部来视唱。

接下来，我们请T，B两个男声声部来视唱他们的旋律。要注意各自声部的旋律特点，其中男高声部的旋律线最高，因此视唱的时候要注意声音的运用，用半声轻唱。B声部则是低音很多，是我们四声部中的秤砣声部，担负着整个合唱作品的稳定任务，请两个声部同学视唱是要抓住各自的特点。

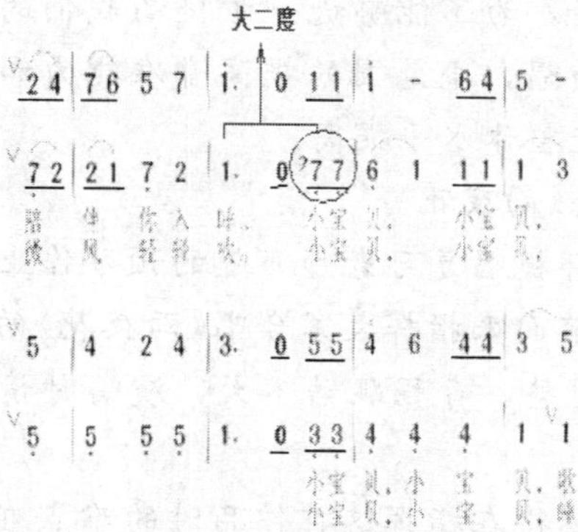

图2

最后，我们请T，A两个声部的同学来视唱旋律，因为这两个声部是混声合唱的内声部，歌唱时特别需要注意内声部的融合，这也是所有合唱团都应该注意和解决的一个问题，请我们两个声部的同学注意声部间的音色要贴着唱。

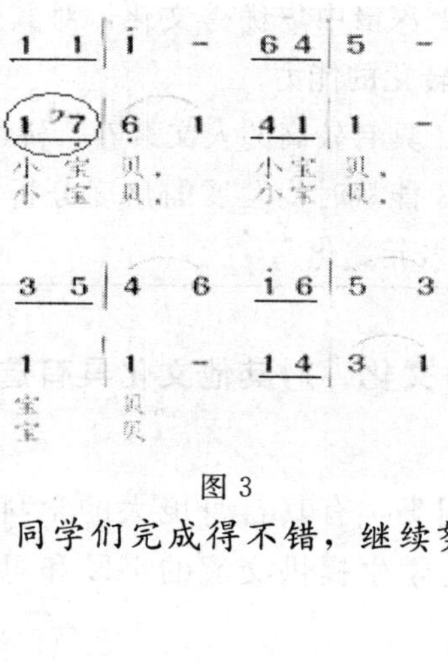

图3

三组视唱进行完了，同学们完成得不错，继续努力。接下来，激动人心的时刻到了，我们要进行四声部的合唱，这就需要同学们把刚才分声部视唱时的要求带到我们四声部的合唱中来，做到在秤砣声部的陪衬下，突出主旋律声部，和谐内声部，看看我们同学的合作能力怎么样。(唱后老师总结)

提问：根据这首歌曲的风格，我们应该用怎样的力度演唱？高潮部分在哪里？我们又应该用怎样的力度演唱？为什么？(学生发言)

几位同学说得很好，这就是这首歌曲的演唱难点，虽然我们的年龄还小，声音并不成熟，但是我们应该依据摇篮曲风格尽可能地正确运用声音来演唱歌曲，我们再来演唱一次好吗？

同学们演唱得不错，为了能够进一步提高我们的演唱水平，请大家课下分四个人一组进行演唱，小范围的提高音准能力和表现能力，等我们下节课再合唱的时候才能整体水平提高。

三、学生互动排练《雨夜花》

1. 用两分钟分声部视唱复习老师布置的预习作业《雨夜花》。

2. 请一名同学到前面来指挥大家合唱《雨夜花》的谱子。这是一首很规则的合唱小品，节奏规整，音程跳动不大，演唱时请大家注意音量和声部间的和谐。

3. 作为指挥，你觉得在指挥这首作品时的难点在什么地方？怎样解决难点？

4. 请大家加入歌词，请问指挥，填词时我们也能够该注意什么？

5. 请同学们起立演唱歌曲《雨夜花》。

标　准	结果指标
9. 科学与人文素养	9.1 深谙中华优秀文化，对其他文化具有选择性吸收和转化的能力。 9.2 具有较高的人文素养、科学和技术素养。 9.3 能从时代发展的角度分析阐述中国民族艺术与世界多元文化。

9.1 深谙中华优秀文化，对其他文化具有选择性吸收和转化的能力。

【内容要点】

艺术学科中的每一门类，有其自身庞大的学科材料体系——系统的技能、知识和技术。它们为学生提供交流的手段和思维及行动的方式。每门学科还提供着有关世界与人类的丰富多彩的经验和观点。

(1)深谙祖国的历史和文化，熟悉祖国历史文化的内涵和阶段特征。

(2)具有传承中华优秀文化的强烈的责任感和具体行为，注重教材中中华优秀文化的传承，深入研究体现中华优秀文化的课程内容，使用有效、丰富的教学手段，激发学生兴趣，引导学生热爱中华优秀文化。

(3)深刻认识了解世界各地各民族艺术与文化，具有多元文化融会贯通、吸收转化的能力，以便在艺术教学中培养学生对多元文化的尊重和认识。

9.2 具有较高的人文素养、科学和技术素养。

【内容要点】

(1)深刻理解科学素养与人文精神的内涵，关注当代科学技术与人文研究的重大成果。科学素养是指运用科学基本观点理解自然界并能做出相应决定的能力，也指能够确认科学问题、使用证据、做出科学结论并就结论与他人进行交流的能力。其内涵主要包括：掌握科学术语、常识和基本观点；了解科学方法和科学探究过程；认识科学对个人和社会的影响。走向卓越的艺术科教师，视野更加开阔，积极关注当代科学技术发展与人文研究的重大成果。比如，知道 21 世纪自然科学的三大应用领域：材料、能源、信息；了解基因技术、纳米技术、物联网等技术对人类生活的革命性改变与迅猛发展的态势。

(2)具备创造与教学有关信息的能力，在运用信息工具、获取、处理、生成信息的基础上，辨别有效信息，迸发创造性思维的火花，产生新信息，达到收集信息的终极目的。善于运用接受的信息解决问题，让信息发挥最大的社会和经济效益。

(3)教师的学科视野不应该仅仅局限于任教学科的课程范围。为了提高学生的科学素养，教师首先应该提升自身的科学素养。积累足量的科学知识是提升科学观念的前提和基础，有了这个前提和基础才能更好地把任教学科的知识和方法与其他学科融会贯通起来，才能引导学生更好地利用科学观念解决实际问题。

9.3 能从时代发展的角度分析阐述中国民族艺术与世界多元文化。

【内容要点】

世界多元文化(Globalization)是一个社会学的专用名词，不同民族的文化只能交流，不能代替。承认和尊重世界文化的多样性，已成为当今世界多数国家普遍接受的国际关系准则之一。

(1)艺术教师要深刻理解文化多元化是在全球范围内不同民族文化的共存共荣，是在某一民族和国家内，传统文化对其他文化的宽容及必要的吸收，是一个多元文化哲学价值观问题，对文化多元化的理解离不开全球视野。

文化的全球化意味着全世界的各种文化都不能再孤立地发展，都面临着其他文化的影响和挑战。而各种文化中先进的、开放的、积极的因素会越来越多，文化的多样性会长期存在，而且还将继续向多元化发展。文化多元的艺术是指在世界艺术体系中各个民族或国家的艺术都能够受到同等的尊重和喜爱的共存共荣状态。

(2)艺术教师要深刻理解中国民族艺术源于博大精深的中华民族传统文化，是世界艺术中的重要组成部分，是世界多元文化的重要内容，她涵盖了社会的各个领域。我国各民族都有独特的传统、文化、历史，艺术，像蒙古族、藏族、维吾尔族等少数民族还有自己的语言，其人文哲理、审美取向、审美心理等都具有民族特性。我国各民族的艺术是中华文明的“活化石”，是中华民族立于世界民族之林的精神瑰宝。

(3)艺术教师要明确传承和发展中国民族艺术，更好地弘扬中国民族传统文化，彰显民族艺术特色，必须要了解中国传统文化的精髓，吸取和借鉴人类社会一切优秀的文明成果，注意在与其他国家的艺术教育实践中汲取智慧和思想，不断拓展自己的视野特别是国际视野，能够从时代性的角度去分析艺术作品。

因此，艺术教师在教学中要增加本民族文化的内容与内涵，使学生了解本民族及其他民族的风俗、信仰、礼仪等，增强对本民族文化的了解和热爱；增加世界文化的内容与内涵，使学生了解各地区和不同时代艺术和他们文化之间的深刻联系，增强对人类文化多样性的认识和尊重。从而认识到世界的和平发展有赖于对不同民族文化的理解和尊重，在强调弘扬民族艺术文化的同时，还应以开阔的视野，体验、学习、理解和尊重世界其他国家和民族的艺术文化。

维度二 专业实践

领域三 促进学生的学习与发展

标 准	结果指标
10. 创造良好的学习环境	10.1 能够根据艺术学科特点和学生实际，创设能够满足学生学习需要、促进学生发展的物理环境和学习氛围。

10.1 能够根据艺术学科特点和学生实际，创设能够满足学生学习需要、促进学生发展的物理环境和学习氛围。

音 乐

【操作要点】

教师要善于依据音乐学科特点，为学生营造具有支持力、亲和力、目标明确的学习环境，学生既受到挑战，又得到鼓励。教师要以引导者的身份，为学生创设一个开放、民主、活跃、进取的学习氛围。鼓励学生展开想象，大胆创新，使学生在学习过程中发展能力，体验创造的艰辛和成就感。

(1)创设并组织音乐学习环境，音视频丰富，并能熟练使用多媒体，高度关注音乐价值、音乐内容、个体学习，让学生充分体验音乐、创造音乐。

(2)创设促进所有学生平等学习的氛围。尊重全体学生学习音乐的权利。使不同知识水平的学生受到重视，认识并协调不同学生的特殊需要；认真选择和使用适当的教学资源，调整技术和战略，创设每个学生能创造性地学习的环境，确保每个学生有平等的学习机会。

(3)创设促进社会责任的氛围。了解健康的、激励的和支持性的学习环境会鼓励学生自由表达不同观点，发展艺术上、语言上的创造力和鉴赏能力，追求对艺术更多的理解和知识；有技巧地管理和解决课堂上意外的危机和冲突，消除不良环境的负面影响，要求学生仿效诚实、尊重及公平等价值观。

(4)创设和维持安全、有效教学的学习环境。了解关于使用处理艺术材料、工具和技术的规定；教给学生有关收藏、使用和处理艺术材料、工具与设备的安全步骤；教给学生保护环境和尊重工具材料与艺术作品价值的原则。

(5)创设促进自律的氛围。与学生一起制定组织课堂和参与活动的程序，帮助学生成为负责任的、自我指导和自律的人，促进学生履行在学习集体中的责任。

美术

【操作要点】

美术课程注重为学生营造艺术能力的形成环境。

(1)在美术课程设计中围绕着有利于学生能力形成的主题，组织多种形式的美术教学活动，使艺术活动营造一种可生成的美术教学环境。在可生成的环境中培养学生的艺术能力和人文素养。以活动形成的教学环境，也给教师广泛开发教育资源、鼓励学生创造性学习、发展个性化的教学提供了有益的空间。

(2)联系学生个人成长环境，发展学生的美术能力。学生的成长环境包括学生日常生活、情感经验、文化背景、科学认识等方面。美术学习只有与学生个人成长环境联系起来，从其兴趣、需要、情感表达、人际交流等方面出发，才能使学习变得丰富多样、鲜活充实，并获得持久的动力。

(3)要引导学生关注自然环境和社会生活。通过观察、体验、解读、构思、描绘和塑造等美术活动，培养学生亲近自然、融入社会、关爱生命的情感态度与行为习惯，逐渐形成环境意识、社会意识和生命意识。

标　准	结果指标
11. 设计合理的教学方案	11.1 整合多元教学目标，不仅关注学生获得知识、提高认知能力，还关注培养学生的责任感与非智力因素。 11.2 根据学生认知发展规律，整体安排学段教学进程和创造性地设计教学单元，能够进行教学设计背后的学理分析。 11.3 深谙不同类型知识的学习策略，具有丰富、系统且有创造性的教学策略，在教学设计中运用智慧优化教学过程。 11.4 设计中能有效运用多媒体手段，为学生提供丰富的学习资源，以促进学生理解。

11.1 整合多元教学目标，不仅关注学生获得知识、提高认知能力，还关注培养学生的责任感与非智力因素。

【操作要点】

(1)能够依据学生的实际知识与能力水平，综合学科特点，对教学内容进行重新的规划与设计，设置具有实效性、可操作性的教学目标。

(2)能够关注学生的艺术能力和人文素质的整合发展。要建立艺术与生活、情感、文化和与科技的广泛联系，理解艺术对学生的人格成长、情感陶冶以及智能的提高等具有重要价值；对学生的生活、情感、文化素养和科学认识等产生直接与间接的影响；注重培养学生的整合创新、开拓贯通和跨域转换的多种能力。使学生了解艺术的历史和文化内涵，在艺术与生活、艺术与情感、艺术与文化、艺术与科学的综合艺术学习活动中，获得尊重、关怀、友善、合作、分享等人文素养，促进学生个性的完善与发展。

11.2 根据学生认知发展规律，整体安排学段教学进程和创造性地设计教学单元，能够进行教学设计背后的学理分析。

【操作要点】

(1)教师要能够依据艺术学科的特点，对知识进行有效的分类，把同类的知识进行适当的整合、进行整体安排。

(2)教师要依据知识的类型，选择有效的教学策略进行教学。

(3)能够对教学设计的理论进行阐述，特别是对学生艺术学习的心理规律的揭示。

11.3 深谙不同类型知识的学习策略，具有丰富、系统且有创造性的教学策略，在教学设计中运用智慧优化教学过程。

音乐

【操作要点】

(1)运用各种教学策略进行不同艺术内容的教学。

(2)理解优化教学过程是成功教学的关键。设计教学过程时，运用教学法及学生已有的知识，考虑学生可能出现的问题；为学生提供尽可能多的机会去建构知识，去分析、综合和评价；根据艺术教育、普通教育的目标，去决定发展与不同学生兴趣相关的课程内容；考虑学习的多种模式，不同的表达方式，不断变化的学习风格和影响学生成长的因素。通过课程设计和教学选择，帮助学生理解艺术对人类社会产生的影响，形成艺术能力与人文素质。

【举例说明】

打开管弦乐之门——《青少年管弦乐指南》①

本课教学的乐器知识及音色辨认是学生的学习难点，也是音乐教学的重点。马晓春老师为突破这个难点，设计了形式多样且活泼的教学方式和手段，优化教学过程，提供尽可能的机会让学生去建构知识，帮助学生理解学习音乐，课堂教学效果良好。教学设计如下。

一、教学目标

1. 了解管弦乐队的分类，认识有关的乐器。

2. 通过视听，比较、分辨同组乐器的音色差别，及表现的声区特点。

二、教学重点难点

在欣赏《青少年管弦乐队指南》时，准确分辨十三种变奏中的主奏乐器。在教学中，体验不同乐器的音色，及塑造形象性和表达情感方面的特点。

三、教学用具

多媒体、湘版《七彩的管弦》课件及人音版《拉德茨基进行曲》课件，小号、长笛、单簧管等。

四、教学过程

(一)音乐导入，创情境

1. 播放维也纳新年音乐会中的《狩猎波尔卡》。

2. 教师设问：同学们能说出这些乐器的名称吗？这是维也纳新年音乐会中经常演奏的曲目之一。现在我来做个调查：一年一度的维也纳新年音乐会，有多少同学看过呢？能全场都看完的有吗？(师生交流)

3. 教师引领：一首优美乐曲，正是由不同乐器的分工协作而成，每一件乐器都以各自独特的奏鸣，成为整个音乐作品中不可替代的音乐元素。虽然同学们看的、听的都不太多，不要紧，今天老师可以陪同大家一起走进管弦乐的世界，去认识它们，了解它们，感受它们最优美的乐声、最动人的旋律。

① 马晓春：《打开管弦乐之门——青少年管弦乐指南》，载《中小学音乐教育》，2011(3)。

(二)视听分辨，串串门

1. 串串门、认认“人”——认识管弦乐器

教师导语：同学们，管弦乐器可分为木管乐器、铜管乐器、弓弦乐器和打击乐器四类(屏幕出示)。下面我们通过观看和聆听，不仅要认识这些乐器，更重要的是能够听声辨别不同乐器的演奏特点。之后，我们要通过一个小小的分组比赛，来检验一下同学们听声辨“人”的能力。

2. 第一家——“老木家”

(1)课件上分别点击大管、单簧管、双簧管、长笛、短笛。

(2)指导学生听辨音色，简要介绍不同乐器适合表达的情感。

(3)介绍长笛时，教师出示乐器并吹奏。

(4)关掉大屏幕，再次辨听本组乐器。

3. 第二家——“老铜家”

(1)课件出示大号、长号、圆号、小号，根据铜管乐器音色特点启发学生回答，这些铜管乐器各自更适宜表达怎样的情绪。

(2)出示小号乐器，并吹奏。

(3)关掉大屏幕，再次辨听本组乐器。

4. 第三家——“老弓家”

(1)课件出示低音提琴、大提琴、中提琴、小提琴。

(2)提示学生注意听辨小提琴与中提琴的音色区别，并回答听到后心情有什么变化。

(3)关掉大屏幕，再次辨听本组乐器。

5. 第四家——“老打家”

(1)照常以课件出示大鼓、定音鼓、铃鼓、小鼓、钹、锣、三角铁。

(2)向学生指出钹与镲形状和音色的细微区别。

(3)关掉大屏幕后，复听本组乐器。

(三)分组比赛，来认人

视频转换，使屏幕上不显示演奏乐器图片的情况下，把学生分成四组，并找出两名同学做比赛的主持人和记分人。通过比赛的形式让同学们对“四家人”再次听辨。

(四)交响演奏，再认“人”

1. 欣赏《青少年管弦乐队指南》片段

(1)教师点明：同学们，通过上面得比赛，可以看出全体同学对几家人分辨得比较清楚，为了比赛的继续和分出最终的结果，我们提高分辨难度，让这些乐器混到一起，像是在课间操中听辨它们，好吗?

(2)继续说明：我们以抢答的方式说出你听到的主奏乐器。并且还要说出你听到了哪些我们前面没有听到的乐器(竖琴、木鱼、木琴、响板、鞭子等)，如果说不出乐器名，只声明是我们前面没听过的也可以。

(3)为保证教学的连续性，听完、赛完后，再点出作品名——《青少年管弦乐队指南》和作者——布里顿。

2. 欣赏《拉德茨基进行曲》(可用人音版现场实况)

(1)教师提问：同学们，谁知道除了哪一年以外，一年一度的维也纳新年音乐会，都要以哪一个作品结束整个音乐会的节目?

(2)播放《拉德茨基进行曲》让同学们边看画面、边欣赏、边拍手参与互动。

(五)小结

教师结语：同学们，我们仅用45分钟，就对由四家组成的管弦乐这个大家族，二十多个成员有了一个比较全面的认识，很难得。随后的音乐课，我们会欣赏到这一家族更多精彩表现。另外，希望同学们有机会可以在网上搜索一些管弦乐曲，或收看中央电视台音乐频道的一些管弦乐作品，作为自己课后生活的一部分。当然，更不要错过一年一度的维也纳新年音乐会!

美术

【操作要点】

美术课程标准明确了美术知识的不同类型，将美术学习划分为义务教育阶段的四个领域(造型表现、设计应用、欣赏评述、综合探索)和普通高中阶段的五个系列(美术鉴赏、绘画雕塑、设计工艺、书法篆刻、现代媒体艺术)。针对不同类型的美术学习要采取不同的教学策略和方式。为了把握要点，我们依据美术学习类型的特征，将其大致分为：造型教学、知识教学、鉴赏教学、综合教学几个部分。

(1)造型教学

造型教学主要包括绘画、雕塑类与设计、工艺类，它们共同的特征是技法的学习与运用。因此，技法教学是造型教学的基础和基本任务。技法教学的主要过程是：认知技法要点、进行技法练习与形成连贯性、运用技法进行创作。造型创作活动可以分成两个阶段，第一个是构想阶段，第二个是实施阶段。

造型教学的四个基本策略。【举例说明】

在“吉祥图案”课的第一阶段：构想阶段，根据学生在吉祥图案创作中存在的困难，教师首先总结出吉祥图案的两种方法——象征和谐音，引导学生分析进行总结归纳，并准备了大量的吉祥图案。针对学生在具体创作绘画时出现形象造型能力弱，表现力差的问题，教师和学生课前收集与创作有关的视觉形象资料；用演示的方法提炼绘画要素，找到创作的捷径。在实施阶段，教师展示其他班的优秀作品，并让学生畅谈自己的创作思路，教师为学生提供了多种的创作素材和创作范例。基于充分的教学准备，学生不仅都能积极思考自己的创作内容，而且还能将图案素材进行临摹与重组。下课时，每位同学都完成了有个性的吉祥图案创作。

(2)知识教学

美术学科知识的教学包括两个方面，一个是事实性的知识，一个是概念性的知识。事实性的知识只需要知道，或者说能够在情景中判断事实即可。例如判断红色、黄色、绿色等。事实性的知识需要知道事物的名称(概念)，或者说将名称(概念)与事实相联系；概念性知识则需要知道概念的内涵和外延，以及一个概念与其他概念的关系。

美术概念是思考和交流美术创作和欣赏的工具，对概念内涵和外延以及概念体系的准确理解，有助于提升美术学习的质量，但过于强调则会使得美术学习与其他以理论和概念见长的学科拉不开距离，难以体现学科特色，甚至影响学生的学习兴趣。因此，对美术概念的学习应该保持在最低的不影响思考和交流的层面。美术知识的教学采用的策略主要有：①将知识进行分类和组合。②运用例子对比，帮助学生正确地理解知识。

【举例说明】

学习“圆雕”这一概念时，我们可以提供一个定义，然后以具体圆雕作品作为例子来印证，也可以用一件浮雕作品从反面帮助学生理解。或者教师提供绘画、圆雕、浮雕、透雕等例子，让学生通过比较它们之间的特点和差异，理解“圆雕”这一概念的含义。

(3)鉴赏教学

美术鉴赏是运用感知、记忆、经验、知识，对美术作品进行感受、体验、分析和判断，进而获得审美享受和美术知识的过程。通过不断进行这一过程，一个人的审美眼光、审美心理结构和鉴赏的方法会得以逐步完善。美术鉴赏是学生美术学习的重要内容。其目的包括两个方面：一是帮助学生具体理解美术作品，并从中获得审美愉悦和知识；二是形成审美心理结构，学会鉴赏美术作品的方法。

(4)综合探索教学

学科的综合性是当代课程发展的一个趋势，其目的在于培养学生综合运用各种知识解决现实问题的能力，并在这一过程中形成综合的视界和思考问题的方法。

11.4 设计中能有效运用多媒体手段，为学生提供丰富的学习资源，以促进学生理解。

【操作要点】

在教学设计中，能够有效考虑教学手段的运用，以促进学生更好地理解。

(1)灵活选择教学资源。选择有真正教育价值的、适合学生人数和学生特殊需要与发展水平的资源，鼓励学生去体验和尝试探索艺术作品、书本和其他媒体，帮助学生理解艺术思想。

(2)利用多样化的资源。为了使学生体验艺术的多方面，寻找和检验新的材料和教学资源，让学生接触这些资源；集中综合的资源帮助学生投入到不同文化、时代和地域的艺术学习中；运用可行的、易得的教学资源激励学生学习艺术；认识到技术在寻找和贮存艺术资源信息中的作用，适时运用技术资源。

(3)视同事和社区为重要的资源。与同事合作，利用同事的知识和优点来完善并支持艺术学习，确保艺术课程的完整性；鼓励学生视同学、高年级学生和父母为有价值的教育资源；向校外延伸课堂，视当地的社区为重要的资源，鼓励学生与艺术家、艺术组织者、商人、学院或大学合作，从而促进艺术学习。

(4)要增强教学资源的针对性。①要整合教学资源与课程标准的关系，教学资源的运用一定要符合课程标准要求完成的教学任务，多余的资源只能加重学生的学习负担；②要整合教学资源与教学目标的关系，教学资源一定要能够有效促进教学目标的实现，与实现教学目标无关的资源不予考虑；③要整合教学资源与学生情况的关系，要难易得当、多少合适，与学生的水平相得益彰，脱离了学生实际的资源运用是盲目的、无效的。

(5)要增强教学资源的关联性。在完整的教学设计中，所运用的教学资源也应该是一个完整的资源体系。各种教学资源之间有密切的关联，这种关联既保持了某一教学资源独特的作用，又能够互相渗透、互相作用，增强教学资源的使用价值。教师需要在使用教学资源时进行有目的地整合，首先要把参差不齐、分散无序的各种资源分类、梳理，进行系统分析，找出规律，再与教学设计进行关联，优化组合，才能发挥出所开发教学资源的最大功能。

标　准	结果指标
12. 实施有效的教学活动	12.1 课堂教学富有激情，学生被教师对本学科的执着向往所打动，形成持久的学习动力。 12.2 具有果断的教学决策能力，能根据学生学习情况灵活调整教学的内容、顺序和方法，学生感到学习效率高。 12.3 高度关注学生的学习表现，敏锐捕捉教学中关键问题，灵活处理生成性问题。 12.4 关注研究学生个体差异，因材施教，学生感受到教师的关心、理解和经常给予的帮助。

12.1　课堂教学富有激情，学生被教师对本学科的执着向往所打动，形成持久的学习动力。

【操作要点】

艺术教学需要激情，学生的学习激情，往往会受教师的教学激情所影响，教师的激情又产生于对艺术教育理想的追求。通过这种激情激发学生的艺术学习动机。

以音乐教学为例：

(1)教师要具有音乐的创造力。擅长即兴、作曲、改编。可运用现代科学技术的辅助手段，实现音乐创造的过程。能够运用音乐理论知识，通过改编使作品富有音乐表现力。教师的改编既体现出恰当的配器、声部编排、难度层次和风格，又能体现和促进学生的音乐发展水平。

(2)教师要开发和积累自己的即兴技能，至少能够用一件乐器、多种风格进行即兴示范，并体现娴熟的技法和音乐表达力。他们的示范方式要与学生的年龄特点、课程内容相符，并展现出有成就的音乐教师的创造力和音乐感。

(3)教师要创设充满活力的教学环境，使学生感受到音乐课程的挑战，并极大地调动学生的积极性。在富有生命力的音乐实践活动中，表达出他们对音乐的积极参与和鉴赏。

(4)教师在教学中应是充满激情的音乐专家，通过淋漓尽致的表现和娴熟的音乐技能、丰富的学科知识、激昂的艺术热情，感染学生，影响学生对艺术的追求。

12.2 具有果断的教学决策能力，能根据学生学习情况灵活调整教学的内容、顺序和方法，学生感到学习效率高。

【操作要点】

艺术课程的教学是活的教学，所面对的学生是活生生的人。在教学中经常会发生教师备课不曾料到的情况，机智果断、科学合理地作出教学决策，调整教学活动，是从成熟走向卓越的教师应该具备的能力。

(1)要吃透教材的精髓，能够灵活地“用教材”，而不是只会死板地“教教材”。在遇到教学新问题时，能够灵活应对。

(2)能够对潜在的和现实的干扰、情况的变化，基于对可能原因的分析和教学目标的把握，做出有效的应对，以确保学生的学习进程正常进行。

(3)能够有效地掌控教学节奏，把握教学时间，依据课堂学生学习情况适时调整，增加或删减教学内容，突出重点难点和兴趣点，以提高学习效率。

12.3 高度关注学生的学习表现，敏锐捕捉教学中关键问题，灵活处理生成性问题。

【操作要点】

处理好教学预设与教学生成的关系，是艺术教学的重要问题，是教师教育教学水平的体现。

(1)善于关注教学中的导入、重难点、创造与拓展等主要环节。并分析学生在这些主要环节中出现的问题、表现、创造思想和行为。

(2)能够认真倾听全体学生的发言，敏锐观察学生的课堂活动，把握关键问题并及时做出反应，以此实现真正的师生互动。所谓关键问题是学生学习过程中具有重要教育意义、具有独特性、启发性的问题。

(3)利用音乐的创造性、即兴性，发现把握生成性教学。

12.4 关注研究学生个体差异，因材施教，学生感受到教师的关心、理解和经常给予的帮助。

【操作要点】

(1)研究和关注学生艺术学习的个性化差异。学生的文化背景、家庭环境、生活经历，以及在认知风格、智力水平、兴趣和理解及表达方面的不同，使其在艺术学习上表现出不同的特点和学习方式，对此要能够通过课堂观察、作品分析等很好地把握。

(2)教学中既尊重每个学生的特殊表现，做到因材施教，又能够平等对待每个学生，给每个学生创造机会，力争让每个学生学有所获。

标　准	结果指标
13. 培养良好的学习习惯与指导学生学习	13.1 系统掌握多种学习的策略，有计划地进行策略性知识的教学，学生能够感受到在教师的指导下，逐渐形成有效学习策略。 13.2 注意培养学生的问题意识、创新思维能力和实践能力，学生感到学习处于追求新目标和解决更高层次问题中。

13.1　系统掌握多种学习的策略，有计划地进行策略性知识的教学，学生能够感受到在教师的指导下，逐渐形成有效学习策略。

【操作要点】

(1)梳理艺术学科中的策略性知识，积累实践经验，总结归纳策略性知识的教学策略。

(2)了解学生对策略性知识的学习状况，及时予以帮助，指导学生有效学习，形成有效的学习策略。

(3)有计划地开展策略性知识的教学，并对教学效果进行评估，改进教学策略。

13.2　注意培养学生的问题意识、创新思维能力和实践能力，学生感到学习处于追求新目标和解决更高层次问题中。

【操作要点】

(1)培养学生对知识的渴望，树立勤学好问的精神，激励学生通过提问和回答教学问题，培养学生的探究精神。

(2)能够在教学中设计各种有价值、有挑战性的教学问题，刺激学生的求知兴趣，培养学生的发散性思维及回答问题和解决问题的能力。

(3)鼓励学生发挥想象力，进行自主艺术创造。比如运用不同的材料进行演奏，或自己谱曲填词，或运用非常规材料进行艺术创作等。

【举例说明】

问题1. 为什么李斯特不抵周杰伦?

这个问题是教师通过提出学生的偶像周杰伦的名字，来刺激学生认识李斯特学习古典音乐。教师提出问题后，学生们七嘴八舌地问："李斯特是谁?"引起了争论。教师紧紧抓住学生的好奇，一起和学生们认识李斯特并欣赏他的音乐。

问题2. 你能设计一份古典音乐会的节目单吗?

教师通过问题的设计，并以研究性学习的方式，向全体学生提出任务，使学生在完成任务的过程中，必须要首先了解学习古典音乐的历史、作者、作品、风格、流派，以及还要听赏这个时期的音乐作品，才能去做这份古典音乐会的节目单，而这才是教学的最终目标。至于制作节目单，不仅是教学的切入点和教师用来吸引学生的注意力的方法，同时培养了学生们既动脑又动手的实践能力。

下面是设计教学问题举例：

问题设计汇集(部分)

单元标题		腔调情韵——多彩的民歌
1		1. 你能向他人介绍西北民歌吗？
		2. 你能在通俗歌曲中找到西北民歌题材和风格吗？
		3. 你同意“灵感源自民间”—民歌也流行吗？

单元标题		国之瑰宝
2		1. 京剧离你有多远？
		2. 在青少年中为什么京剧不如通俗歌曲？
		3. 是什么让京剧“活着”？

单元标题		宗教复调音乐的顶峰——巴赫
3		1. 巴赫与四大天王在你心中的地位是怎样的？
		2. 为什么巴赫的名字不是小溪，应该是大海呢？

单元标题		划时代的音乐大师——贝多芬
4		1. 对“划时代的音乐大师贝多芬”你认可吗？为什么？
		2. 贝多芬为什么失聪后还能创作出辉煌的音乐呢？

单元标题		一个人的流派——德彪西
5		1. 谈一谈印象主义音乐与绘画的相同之处？
		2. 音乐是流动的图画，图画是静止的音乐吗？

单元标题		经典流行音乐——爵士乐精粹
6		1. 你心目中的爵士音乐？
		2. 为什么爵士音乐是即兴性的？

单元标题		走向新世纪
7		1. 你认为音乐对人生、对社会有哪些功能？
		2. 不喜欢音乐是人生的缺憾吗？
		3. 你与音乐有距离吗？

单元标题		家园
8		1. 是什么吸引了世界的耳朵？是什么感动了世界的心灵？
		2. 如果你生长在这样的环境中你会用怎么样的歌声来抒发？

标准	结果指标
14. 开展多元的学习评价	14.1 在评价主体、内容、方式和结果上都体现了多元的思想，学生感受到评价促进了自己的发展。 14.2 善于运用评价结果，给学生的学习提出合理的建议，学生乐于接受和运用教师的建议。

14.1　在评价主体、内容、方式和结果上都体现了多元的思想，学生感受到评价促进了自己的发展。

【操作要点】

基于学生的差异性和艺术的创造性，应该鼓励学生艺术学习上的多元理解与创造。“像不像”“好不好”“对不对”等单一化评价标准不适合对艺术课程的评价。

(1)树立评价的内容、手段与形式的多元化思想。能够确定多元化的评价主体、选择多样化的评价方式，制定多元化的评价标准，达到以评价促发展的效果。

(2)为学生建立成长档案册，帮助学生自己编织成长档案册，用它来记录和监控学生个体在学习过程中的成长，从而促进学生自身发展。档案中可留存学生的艺术作品、歌舞音像等。

14.2　善于运用评价结果，给学生的学习提出合理的建议，学生乐于接受和运用教师的建议。

【操作要点】

教师能够根据对学生的评价，让学生了解自己的优势以及问题所在，给学生提出改进的建议，从而帮助学生改进自己的学习。建议可包括学习态度、学习内容的选择、内容上的点拨、补充学习材料、学习方式的调整等。

标　准	结果指标
15. 促进有效的课堂管理	15.1 善于运用科学而灵活的方法组织课堂教学，善于调动学生的积极性，开展各种组织形式的教学，学生感到自我管理能力与合作能力逐渐提高。

15.1　善于运用科学而灵活的方法组织课堂教学，善于调动学生的积极性，开展各种组织形式的教学，学生感到自我管理能力与合作能力逐渐提高。

【操作要点】

课堂的组织形式有全班教学、小组教学和个人学习几种。要根据教学的内容进行组织形式的恰当选择，讲授性内容多使用全班教学，讨论的、活动的多采用小组学习，作业与练习则主要是个人学习。

在不同的学习形式中，教师要善于指导，特别是小组学习和个人学习。小组学习要注意小组的参与、小组合作方式等，个人学习要注意学习的方式、困难等。通过指导，使学生在自我学习能力、合作学习能力方面有提高。

标　准	结果指标
16. 渗透思想品德教育与生活技能教育	16.1 能够基于学科特点、内容和学生的实际，主动采取恰当、多样、有效的方式渗透思想品德教育，学生感到思想及价值观积极形成。 16.2 结合学科内容和学生实际，对学生有机渗透基本生活技能教育，使学生感到生活技能的收获。

16.1　能够基于学科特点、内容和学生的实际，主动采取恰当、多样、有效的方式渗透思想品德教育，学生感到思想及价值观积极形成。

【操作要点】

艺术学科的重要功能就是美育功能，艺术学科教师要依据学科特点，通过艺术欣赏与实践，更加自觉地在艺术教学中渗透思想品德教育。

(1)教师要明确“以美育人”的教育思想与我国的教育、文化传统一脉相承，是努力培养和造就有理想、有道德、有文化、有纪律的，德育、智育、体育、美育等全面发展的社会主义事业建设者和接班人的教育方针的有机组成部分。

(2)教师要认识到全面提升人的素质，是实施美育的重要目标。艺术教学具有教育性。美与善是相通的，通过艺术欣赏可以陶冶善性。因此教师要通过艺术教学活动来培养和提高学生感受美、表现美、鉴赏美、创造美的能力，陶冶情操，发展个性，启迪智慧，丰富和发展形象思维。

(3)能够根据学科内容中的德育因素和学生中存在的思想问题，运用恰当的、多样的、适合学生心理的方式方法开展教育。

16.2 结合学科内容和学生实际，对学生有机渗透基本生活技能教育，使学生感到生活技能的收获。

【操作要点】

(1)教师应该能够深入领会生活技能教育的概念、知识和方法，牢记生活技能教育的宗旨，能够结合学科特点和实际，有机渗透生活技能教育，真正培养学生不仅有独立的生存能力，而且在与他人、社会和环境的相互关系中，表现出适应和积极的行为能力，有效处理日常生活中各种需要和挑战的能力，建立健康的生活方式，形成生活技能的多种能力，即自我认识能力，处理情绪缓解压力的能力，有效的交流人际关系的能力，决策解决问题的能力，创造性思维、批判性思维能力，以达到最佳的发展和良好的社会适应状态。

(2)生活技能是通过游戏、活动、心理健康、日常教学、社区及父母等活动来培养学生的生活技能。

艺术是人类心灵沟通的桥梁和社会交往的纽带。音乐教学中的齐唱、齐奏、合唱、合奏、重唱、重奏，音乐编创和歌舞戏剧表演等群体性活动，有助于养成学生共同参与、相互尊重和团结协作精神。经常组织学生参加班级、学校和社区的活动，使学生的集体主义精神、团队合作意识、人际交往和实践操作能力等得到锻炼和发展。在学习艺术和提高艺术素养的过程中所需要的自尊、自律、自信、潜心投入、持之以恒，以及不断追求完美的自我激励和反思、超越等品质、习性及行为能力的养成，会对其他科目的学习及生活的其他方面产生迁移作用，有助于学生学会学习、养成良好品性及生活技能。

标　准	结果指标
17. 实施积极的安全教育与健康教育	17.1 对学生的人身安全有高度的责任感，能积极开展以预防为主的安全教育、健康教育，为有需要的学生提供支持和帮助。

17.1　对学生的人身安全有高度的责任感，能积极开展以预防为主的安全教育、健康教育，为有需要的学生提供支持和帮助。

【操作要点】

(1)这个阶段的教师对学生的安全与健康应具有预见性，教师能够根据多年的经验、实际的环境和可能出现潜在的风险，在学习和活动中事先提出注意事项，采取安全教育和安全措施，给学生提供积极的帮助。

(2)从尊重生命与博爱的高度关注每一个学生的安全。

(3)掌握一些心理咨询的方法与技巧，善于发现学生的问题，愿意为学生提供真诚的帮助。

(4)注重积累对突发事件的处理经验与有效的施救方法，并能运用这些方法，在学生最需要的时候使用。

领域四　教育教学研究与专业发展

标　准	结果指标
18. 教育教学反思与行动研究	18.1 思维敏锐，对情境产生直觉的、深刻的、整体而全面的理解，能够很快地辨认出显著的信息，关注异常的信息；具有分析性思考和概念性思考的能力。 18.2 善于提出并解决教育教学中的重要问题，开展教育教学改革实验，深入研究教育教学规律，形成独特的教育教学思想或教学风格。 18.3 注重研究成果的形成，能够在学术刊物上发表研究论文或出版专著，使研究成果具有更广泛的辐射作用，并使成果得到同行的关注、讨论和认可。

18.1　思维敏锐，对情境产生直觉的、深刻的、整体而全面的理解，能够很快地辨认出显著的信息，关注异常的信息；具有分析性思考和概念性思考的能力。

【操作要点】

对课堂与课外的各种情境能够有全面的、深刻的理解，抓住重要的信息进行分析。比如学生的行为、语言，其他教师的课堂教学，专家的讲座、生活中的现象等，能够进行准确深刻的提炼，把握本质。这种把握能力是基于经验的积累、平时的思考训练和思考习惯。

18.2　善于提出并解决教育教学中的重要问题，开展教育教学改革实验，深入研究教育教学规律，形成独特的教育教学思想或教学风格。

【操作要点】

能够结合教育改革、课程改革、学生发展、社会发展的形势，分析教育教学中的问题，抓住重要的问题，开展教育教学改革和实验研究，形成自己的教学经验与思想。真正教育教学改革实验，通常要经过几年的探索实践。在探索过程中，一方面是不断学习相关理论；另一方面是进行教学改革尝试，寻找更加有效的方法。

18.3　注重研究成果的形成，能够在学术刊物上发表研究论文或出版专著，使研究成果具有更广泛的辐射作用，并使成果得到同行的关注、讨论和认可。

【操作要点】

在进行教育教学改革实验的过程中，注意平时的记录和整理，形成研究成果。无论是教学经验总结，还是理论思考文章，还是实验报告等，能够掌握写作的规范要求，发表论文或出版著作。写作与出版是个不断成熟的过程，这个过程中需要理论专家给予帮助指导。

当自己的改革和研究具有一定的创新性、探索性、价值性，就能够引起同行的关注和认可，产生一定的影响力。

标 准	结果指标
19. 团结协作与经验分享	19.1 把自己的经验结构化，形成可以传递的知识形态；引领团队的专业研修活动，团队成员能够受到启发并产生把研修结果运用于工作的动机。 19.2 作为专业领域的领军人物，在专业学会和广大教师中发挥引领作用。

19.1　把自己的经验结构化，形成可以传递的知识形态；引领团队的专业研修活动，团队成员能够受到启发并产生把研修结果运用于工作的动机。

【操作要点】

走向卓越的教师要发挥引领作用，首先需要把自己的思想、经验和成果加以梳理，加以结构化、系统化和一定的理论加工，写成论文、著作、讲义等。结构和系统可以有很多维度，诸如问题、原因、对策、效果；或不同的培养目标是如何实现的、不同方面的课程内容是如何教学的、不同的学生是如何培养的。

其次，在专业研修活动中进行介绍和示范。专业研修活动包括同年级的集体备课活动、教研组的课题研究、教师个人及其团队、参与的区(县)、省市及国家级等课题研讨活动等。

19.2　作为专业领域的领军人物，在专业学会和广大教师中发挥引领作用。

【操作要点】

走向卓越的教师能够积极参加任教学科专业学会、中国教育学会等学术团队的研讨活动，能够在这样的场合发表论文，阐述自己的观点，或者参与具体的研讨。同时，能将参与这种研讨活动的收获与自己所在团队的成员们分享，为团队中的青年教师搭建发展的平台。

标准	结果指标
20. 终身学习与持续发展	20.1 具有高度的专业敏感性和吸收、转化能力。 20.2 不断给自己规划更高的职业目标，行走在能力的极限上，不断促进知能持续发展。

20.1 具有高度的专业敏感性和吸收、转化能力。

【操作要点】

善于学习是卓越教师专业成长的关键，是优秀教师实现可持续发展的基础。教师必须保持学习新知识的热情，通过多种途径，如自学、参加培训、在职进修等，丰富或更新自己的知识积累。优秀教师的特点是善于吸收和转化，而不只是吸收和存储，能够及时把所学知识经验转化为自己的教学思路。

具体任务是开展学习的发动机和助推器。没有具体任务作为学习的抓手时，教师的学习常常是盲目的、零散的。一旦教师心中有了一个自己认定的问题或任务时，教师就会自然而然地、甚至不可遏制地进入渴望学习、渴望发展的状态。

20.2 不断给自己规划更高的职业目标，行走在能力的极限上，不断促进知能持续发展。

【操作要点】

优秀教师能够不断反思自我，找到自己的不足和主攻方向，挑战自己的能力极限。然后围绕着这个主攻方向开展新的学习和研究，不断形成自己多方面的经验和思想，使自己的经验和思想更加系统、完整、深刻，从而促使自己成为卓越的教师。

参考文献

[1]曹理，何工．音乐学习与教学心理．上海：上海音乐出版社，2001.

[2]夏征农，陈至立．辞海．艺术分册．上海：上海辞书出版社，2010.

[3]《中国大百科全书》总编委会．北京：中国大百科全书．音乐舞蹈卷．中国大百科全书出版社，1989.

[4]中国艺术研究院音乐研究所编辑部．中国音乐辞典．北京：人民音乐出版社，2003.

[5]哈九增．艺术教程．上海：复旦大学出版社，1990.

[6]刘沛．美国学校音乐教育概况——美国基础教育艺术学科优秀教师标准. 上海：上海教育出版社，2011.

[7]刘沛．美国学校音乐教育概况．上海：上海教育出版社，2011.

[8]胡知凡．新西兰国家艺术课程标准．中国美术教育，2002(3).

[9]廖乃雄．论音乐教育．中央音乐学院学报社，1979.

[10] 上海中小学课程教材改革委员会办公室．上海市中学艺术课程标准，2004.

[11]彭吉象．艺术学概论．北京：高等教育出版社，2002.

[12]皮连生，刘杰．现代教学设计．北京：首都师范大学出版社．2005.

[13]王宝珊．朝阳区教师教学基本能力检核标准解读．武汉：华中师范大学出版社，2010.

[14]王宏建．艺术概论．北京：文化艺术出版社，2000.

[15]魏丽华，魏丽杰．教师言语艺术．济南：济南出版社，2004.

[16]袁善琦．音乐教学技能．武汉：华中师范大学出版社，2006.

[17]谢利民．教学设计应用指导．上海：华东师范大学出版社，2007.

[18]常锐伦．美术实验教材．北京：人民美术出版社，2004.

[19]杨立梅．艺术实验教材．北京：教育科学出版社，2001.

[20]林崇德．教育心理学．北京：人民教育出版社，2000.
[21] 钟启泉．课程与教学论．上海：上海教育出版社，2000.
[22]郑莉，金亚文．基础音乐教育新视野．北京：高等教育出版社，2004.
[23]中华人民共和国教育部．义务教育音乐课程标准(2011 年版)．北京：北京师范大学出版社，2011.
[24]中华人民共和国教育部．义务教育美术课程标准(2011 年版)．北京：北京师范大学出版社，2011.
[25]中华人民共和国教育部．义务教育艺术课程标准(2011 年版)．北京：北京师范大学出版社，2011.
[26]中华人民共和国教育部．普通高中美术课程标准(实验)．北京：人民教育出版社，2003.
[27]中华人民共和国教育部．普通高中艺术课程标准(实验)．北京：人民教育出版社，2003.

后　记

艺术分册主编为杨兆新、周杰；副主编为焦瑶、袁衍明、王文凌。音乐部分主要编写成员有：杨兆新、李磊、蔡萍、焦瑶、袁衍明、李芸芸、侯亚楠、季萍。美术部分主要编写成员有：周杰、王文凌、尹小丽、王楠、杨向东。

中小学教师专业发展标准及指导纲目由钟祖荣、李晶、王远美、陈晓波、方美玲、白桂香、方金秋、齐宪代、李万峰等组成的研究小组开发。车华玲、刘月艳、吕俐敏、赵力、高宝华、张翔兰、宋艳、王淑华、李雯、杨秀治、曹新美、冯启磊等参加讨论。

本书内容由多人共同编写。第一部分前言，由钟祖荣、李晶撰写。第二部分艺术教师专业发展标准由课题组共同研究并编写。第三部分指导要点中，健全人格与职业道德部分由张红、杨秀治、迟希新、肖北方、伍芳辉、杨兆新和周杰编写；学科知识与教育教学知识、促进学生的学习与发展部分由杨兆新、袁衍明、焦瑶、李芸芸、周杰、王文凌、尹小丽、王楠编写。教学研究与专业发展部分由李晶、陈晓波、杨兆新和周杰编写；钟祖荣、白桂香、李雯、王远美、杨兆新和周杰编写了其他教育教学部分条目。艺术学科包括音乐和美术，两者具有很大的共性，也有许多差异，大多数标准从艺术教育的角度将音乐和美术整合起来撰写，部分标准则考虑音乐和美术的特殊性分别撰写。

感谢中国人民大学的美学教授成复旺先生，中国音乐研究所研究员、博士生导师崔宪，北京师范大学杨立梅教授的悉心指导！感谢首都师范大学郑莉教授对音乐部分内容，特级教师何墨荣、张文琦老师对音乐、美术部分内容的审阅和修改建议！李晶教授、钟祖荣教授进行了最后的审定、补充及修改。

由于艺术教师专业发展标准及指导的研制具有专业性、基础性、系统性和复杂性，编著者虽然注重了专业与教学实践的研究，但受学术视野的局限，对艺术课程及教育教学理论的研究尚不充分，因此本册内容难免存在一些纰漏，恳请读者批评指正！

编　者

2013 年 2 月